Anonymus

Die Kunst zu essen

Anonymus

Die Kunst zu essen

ISBN/EAN: 9783944350509

Auflage: 1

Erscheinungsjahr: 2013

Erscheinungsort: Bremen, Deutschland

@ Kochbuch-Verlag in Access Verlag GmbH, Fahrenheitstr. 1, 28359 Bremen. Alle Rechte beim Verlag und bei den jeweiligen Lizenzgebern.

Die Kunst zu essen.

Zweite mit einer Federzeichnung vermehrte Ausgabe
der
„Gastronomischen Studien."

Dresden,
Verlagsbuchhandlung von Rudolf Kuntze.
1857.

Vorwort.

Das Original des vorliegenden Werkchens erschien im Jahre 1852 unter dem Titel „The art of Dining" in dem von Murray herausgegebenen „Railway-Reading" und enthält namentlich in Bezug auf französische und englische Küche so viele interessante Angaben, daß ein Auszug desselben auch den deutschen Freunden veredelter Tafelgenüsse nicht unwillkommen sein dürfte. Der Verfasser, einer der berühmtesten englischen Gourmands und Gastronomen behandelte diesen Gegenstand in zwei Aufsätzen, betitelt: „Gastronomy und Gastronomers" im Quarterly-Review, die dann mit vielfachen von seinen gastronomischen Freunden erlangten Bemerkungen und Winken bereichert in diesem Buche zusammengestellt wurden. Es waren vorzugsweise der Graf d'Orsay, Lord Marcus Hill,

Oberst Damer, W. Stuart (Gesandtschafts-Attaché in Paris), Sir Alexander Grant, Sir Hume Campbell von Marchmont, der Herausgeber des Quarterly Review, Ford (der Herausgeber des "Spanischen Handbuchs"), Lady Morgan und der Verfasser von "Stuart of Dunleith," die ihn unterstützten und er stattet diesen theils in der literarischen theils in der gastronomischen Welt gleich hochgefeierten Persönlichkeiten in seiner Vorrede seinen besonderen Dank ab.

Henrion de Pensey, vormaliger Präsident des Cassations-Hofes, ein Beamter, auf welchen — wie Royer Collard behauptet — das „wiedergeborene" Frankreich alle Ursache hatte, stolz zu sein, äußerte sich einst gegen die Herren Laplace, Chaptal und Berthollet, drei der ausgezeichnetsten Gelehrten jener Zeit, folgendermaßen: „Ich halte die Entdeckung einer neuen Speise für ein weit interessanteres Ereigniß als die Entdeckung eines Sternes, denn wir haben immer genug Sterne, können aber nie genug Gerichte haben, und ich werde die Wissenschaften bei uns nicht für hinreichend geehrt oder angemessen vertreten finden, so lange ich nicht einen Koch in der ersten Klasse des Instituts sehe." Verständige und aufrichtige Leute werden mit dem Richter so weit übereinstimmen, daß die gehörige Entwickelung der Kunst, welche die Gesundheit verbessert, das Leben verlängert und außerdem sehr wesentlich zu einer Klasse von materiellen Genüssen beiträgt, die nur tadelnswerth sind, sobald sie einen Anflug von Rohheit und Uebermaß haben, für die Menschheit ein Gegenstand von hohem Interesse sei. Die Geschichte der Gastronomie ist die Geschichte der Gebräuche, wenn nicht die der Sitten und die Gelehrten wissen, daß deren Literatur eben so belehrend als unterhaltend ist, denn sie ist reich an eigenthümlichen Charakterzügen und vergleichenden Einblicken in die Gesellschaft verschie-

dener Perioden, so wie an treffenden Anekdoten von merkwür=
digen Männern und Frauen, deren Schicksal von ihren epikuri=
schen Geschmacksneigungen und Gewohnheiten wunderbar beeinflußt
wurde. Ueberdieß möge man nicht vergessen, daß der Ton spöt=
tischen Ernstes oder sorgloser Heiterkeit den Mangel gründlicher
Erwägung nicht schlechterdings in sich schließt. Der lachende
Philosoph kann größerer Aufmerksamkeit werth sein als der ernste
feierliche Pedant und der denkende Leser der nachfolgenden Be=
trachtungen kann aus ihnen lernen, wie und wo man am Besten
speiset und auf welche Weise und nach welchen Grundsätzen ge=
sellschaftlicher Verkehr in gewissen Kreisen den höchsten Grad von
Verfeinerung erreicht hat.

Was den geschichtlichen Theil unserer Studien anlangt, so
werden wir überaus kurz und keineswegs sehr gelehrt sein. Wir
wollen nur einen flüchtigen Blick auf die Alten werfen und uns
dann so schnell als möglich zu Frankreich und England, jenen
Ländern wenden, wo die Kochkunst in neuester Zeit ihre höchste
Vollkommenheit erreicht zu haben scheint.

Madame Dacier macht die scharfsinnige Bemerkung, daß Homer
in keinem seiner Werke von gekochtem Fleische spreche. Bei allen
von ihm beschriebenen Schmausereien, zum Beispiel bei dem Gast=
mahle, das Achilles in der neunten Iliade den königlichen Gesandten
gibt, ist das „pièce de résistance" ohne Zweifel ein Braten,
und es läßt sich daraus der sehr wahrscheinliche Schluß ziehen,
daß die Griechen damals noch nicht die Zubereitung von Ge=
fäßen entdeckt hatten, die dem Feuer zu widerstehen vermochten.
Diese Entdeckung soll ihnen, wie man vermuthet, durch die
Aegypter zugekommen sein und sie benutzten sie schnell so vor=
theilhaft als möglich. Es sind besonders die Athenienser, welche
die übrigen Griechen in der Gastronomie eben so weit übertroffen

zu haben scheinen, wie die Franzosen — das moderne Volk, das
ihnen vielleicht am nächsten ist — in dieser Beziehung das übrige
Europa übertreffen. Der beste Beweis für diese Behauptung
liegt in dem Umstande, daß die Gelehrten darin übereingekommen
sind, den kostbarsten aber verlorenen Werken des Alterthums ein
didactisches Gedicht über Gastronomie beizuzählen, als dessen
Verfasser Archestratus, ein vertrauter Freund eines der Söhne des
Pericles, genannt wird. „Dieser gute Schriftsteller," sagt Athe=
näus, „hatte See und Land bereiset, um die besten Dinge
kennen zu lernen, welche sie hervorbrachten. Er fragte auf seinen
Reisen nicht nach den Sitten des Volkes, nach welchen zu for=
schen nutzlos ist, da wir sie einmal nicht ändern können, sondern
ging in jene Laboratorien, in welchen die Leckerbissen für die
Tafel zubereitet wurden, und verkehrte nur mit denjenigen, die
seinen Wünschen genügen konnten. Sein Buch ist ein Schatz
des Wissens, jeder Vers eine Vorschrift."

Man muß diese Lobesspendung cum grano salis aufnehmen,
denn wirft man einen Blick auf den unvollkommenen Zustand
der physischen Wissenschaft seiner Zeit, so dürfte es wohl zu be=
zweifeln sein, daß es Archestratus gelungen sein könnte, einen
so vollständigen Schatz von Vorschriften hervorzubringen, wie
seine Bewunderer vermuthen. Ein anderer Grund zum Zweifeln
liegt in den Berichten, die uns hinsichtlich der Persönlichkeit
dieses Mannes überliefert worden sind und nach welchen er so
klein und dürr gewesen sein soll, daß er, als man ihn in eine
Wage setzte, nicht mehr als einen Obolus wog, in welchem Falle
er eine große Aehnlichkeit mit jenem in Knickerbockers Geschichte
von Newyork erwähnten holländischen Gouverneur gehabt haben
muß, der sich so unmerkbar verzehrte, daß man, als er endlich
starb, nichts mehr zum Begraben vorfand. Ueberdieß ist es sehr

wahrscheinlich, daß alles, was die Kochkunst der Griechen wirklich Werthvolles enthielt, mit jenen anderen Künsten, welchen die gewöhnliche Meinung einen noch höheren Werth beilegt, nach Rom gebracht wurde. Da wir wissen, daß die Römer wegen der Gesetze des Solon eine Deputation nach Athen schickten und sich beständig dorthin begaben, um in den Schulen zu studiren, so wäre es lächerlich, wenn man glauben wollte, daß sie die Küche vergessen hätten, und es dürfte kaum zu bezweifeln sein, daß als später die griechischen Philosophen, Dichter und Redner nach Rom als der Hauptstadt der Gesittung sich wendeten, die Köche von Athen sie begleiteten. Aber obgleich in den römischen Banketten alles gastronomische Genie und alle gastronomischen Hilfsmittel der Welt sich vereinigen mochten, so zeichneten sie sich doch mehr durch Pracht und Verschwendung, als durch Geschmack aus. Der Werth eines Gerichtes, das aus dem Gehirn von fünfhundert Pfauhähnen oder aus den Zungen von fünfhundert Nachtigallen bestand, konnte einzig und allein im Preise liegen, und wenn es darauf ankommt, in einer gewissen Zeit das meiste Geld zu verschlucken, so loben wir uns Cleopatra's Perlen-Dekokt, obgleich selbst dieser durch den originellen Einfall einer anderen schönen Frau — der bekannten Mrs. Sawbridge, wenn wir nicht irren — übertroffen worden ist, die um ihre Verachtung gegen einen ältlichen Liebhaber an den Tag zu legen, die Banknote von hundert Pfund, die er auf ihren Putztisch gelegt hatte, zwischen ihr Butterbrod legte und sie als Fleischschnittchen verzehrte. Auch können wir den Epikuräern, die zum Essen eine so unbeholfene und unbehagliche Stellung, wie die liegende, wählen konnten, keine große Achtung zollen. Wie entsetzlich müssen sie ihre langen Bärte und ihre Togen begeifert haben, wenn sie ihre Speisen ohne Gabeln von der Tafel zum Munde führten — denn Gabeln sind ohne Zweifel eine neuere Erfindung, da man in den Trümmern von Herculanum dergleichen Werkzeuge nicht gefunden hat — und es ist fast unbegreiflich, wie sie trinken konnten ohne sich aufzurichten, wenn der herumgehende Becher an sie kam. Dennoch nahm das Essen jedenfalls auch die Aufmerksamkeit der römischen Gelehrten in Anspruch, obgleich nur eines ihrer Werke über diesen Gegenstand bis auf unsere Tage sich erhalten hat. Es stammt wie man vermuthet aus der Zeit der Heliogabalus und führt den Namen „Apicius," zu Ehren jenes Kunstkenners, der zur Befriedigung seines Gaumens einige Millionen verschwendet hatte und als er fand, daß er nur noch einige hunderttausend Thaler besaß, sich aus Furcht, verhungern zu müssen, das Leben nahm.

Die Periode, in welche der Untergang des römischen Reiches fällt, sowie der größte Theil des Mittelalters sind für die schönen Künste eine Zeit unbarmherziger Dunkelheit. Karl der Große schenkte seiner Tafel, wie aus seinen Capitularien hervorgeht, wesentliche Aufmerksamkeit und zwei- bis dreihundert Jahre später sollen namentlich die Normannen ihres überlegenen Geschmackes in dieser Beziehung sich gerühmt haben. Walter Scott hatte jedenfalls gute Quellen für jene umständlichen Schilderungen ihrer wirklichen oder erkünstelten Verfeinerung, womit er in „Ivanhoe" das Bankett des Prinzen Johann beschreibt. Aber wir verdanken die Wiederbelebung der Kochkunst wie die Wiederbelebung der Wissenschaften den Italienern. Zwar können wir nicht genau die Zeit angeben, wo man sie dort mit Erfolg zu entwickeln begann, aber sie erfreute sich der einsichtsvollsten Förderung von Seiten der Handelsfürsten von Florenz und die Franzosen empfingen die ersten Elemente der Wissenschaft von den Professoren, welche mit Katharina von Medicis nach Paris kamen. Es befindet sich in Montaigne eine merkwürdige Stelle, welche beweist, daß die italienischen Köche ihren Beruf gehörig würdigen gelernt hatten und daß die Art, in welcher sie ihn betrachteten, den Franzosen neu war.

„Ich habe einen jener Künstler bei uns gesehen," sagte Montaigne, „die in den Diensten des Cardinals Caraffa gewesen waren. Er sprach von seiner „science de gueule" mit einem Ernste und einer Wichtigkeit, als hätte er von einem bedeutungsvollen theologischen Gegenstande gesprochen. Er erklärte mir den Unterschied der Appetite, sprach von dem Appetite eines Hungernden, von dem Appetite, den man nach dem zweiten oder dritten Gange hat, von der verschiedenen Art, ihn zu befriedigen, zu erregen und zu reizen, von der Politik der Saucen im allgemeinen und dann insbesondere von den Eigenschaften der Ingredienzen und deren Wirkungen — von dem Unterschiede der Salate nach ihren verschiedenen Jahreszeiten, von denjenigen die gewärmt und denjenigen die kalt aufgetragen werden müßten, von der Art, wie sie verziert und angeputzt werden sollten, um ihnen ein gefälliges und angenehmes Ansehen zu geben, und erging sich dann in erhabene und wichtige Betrachtungen über die Ordnung des Tafelbesatzes:

„Nec minimo sane descrimine refert
Quo gestu lepores et quo gallina secetur."

Und dieß alles wurde in stattlichen hochtrabenden Ausdrücken gegeben — in Ausdrücken, deren sich jemand bedient, der von der Regierung eines Reiches spricht. Ich erinnere mich meines Mannes recht wohl."

Die gewichtigsten Beweise zu Gunsten der Alten hinsichtlich ihrer Bedeutung in der Malerkunst liegen in jenen Beschreibungen von den Grundsätzen und Wirkungen der Malerei, welche uns die Dichter, Geschichtsschreiber und Redner des Alterthums geben, die, wie man folgern kann, nie in solcher Weise, wie sie es eben thun, davon gesprochen haben würden, wenn jene Grundsätze nicht verstanden und jene Wirkungen nicht wenigstens zum Theil hervorgebracht worden wären. Von dieser Folgerung ausgehend schließen wir, daß die Küchenwissenschaft keine unbedeutenden Fortschritte gemacht haben mußte, wenn Montaigne's Bekannter mit solcher Beredtsamkeit davon sprechen konnte. Man kann mit gutem Grunde annehmen, daß sie auch in England einige Fortschritte gemacht hatte, denn Cardinal Campeggio, einer der Legaten, die beauftragt waren mit Heinrich VIII. wegen seiner Scheidung von Katharina zu verhandeln, entwarf einen Bericht von dem Zustande der englischen Kochkunst im Vergleich mit der französischen und italienischen, wahrscheinlich auf den ausdrücklichen Wunsch und zum besonderen Gebrauche seiner Heiligkeit des Papstes. Heinrich war überdieß sehr großmüthig, wenn es galt, eine Art von Verdienst zu belohnen, das für die Befriedigung seines Appetites sorgte, denn er war einst über den Geschmack eines neuen Puddings so entzückt, daß er dem Erfinder ein Gut schenkte.

Die Geschichte, die erst in dem letzten Jahrhundert philosophisch geworden ist und auf die Sitten wenig Rücksicht nahm, bis Voltaire die Wichtigkeit der Sittenschilderung dargethan hatte, gibt wenig verbürgten Stoff, mit welchem sich die Periode zwischen der Ankunft der Katharina von Medicis und der Thronbesteigung Ludwig XIV., ausfüllen ließe, unter welchem die Kochkunst gewaltige Fortschritte machte, da sie eine Zeit lang berufen war, Ludwig's Glanze einen erhöhten Geschmack zu geben und dann wieder bei dem Erlöschen dieses Glanzes ihn trösten mußte *). Der Name seines Haushofmeisters, Béchamel — ein Name, der durch seine Sauce sicherlich eben so unsterblich ist, wie der Name Herschel's durch seinen Stern oder wie der Name Baffin's durch seine Bai, gibt hinreichende Bürgschaft für die besondere Eleganz, mit welcher die königliche Tafel bedient wurde, und Colbert, der berühmte Administrator, und Condé, der große Feldherr waren, wie aus den Memoiren und der Correspondenz jener Zeit hervorgeht, in dieser Beziehung nur wenig oder gar nicht hinter dem Königthume zurückgeblieben. Von dem Ende jenes Vatel, der bei Condé die Stelle eines Haushofmeisters bekleidete, ist zwar schon vielfach die Rede gewesen, aber es bildet einen so wesentlichen Theil dieser Geschichte, daß wir nicht umhin können, hier noch einmal darauf zurückzukommen.

„Ich schrieb Euch gestern," sagt Madame de Sévigny," daß Vatel sich selbst entleibt habe, und theile Euch hier die näheren Umstände dieses Vorfalles mit. Der König langte am Donnerstag Abend an; das Abendessen wurde in einem mit Jonquillen ausgeschmückten Zimmer aufgetragen; alles war wie man es nur wünschen konnte. Aber auf einigen Tischen fehlte der Braten, weil mehre Personen angekommen waren, die man nicht erwartet hatte. Vatel war darüber außer sich. Er sagte mehrmals: „Ich bin entehrt: dieß ist eine Schande, die ich nicht ertragen kann." Zu Gourville sagte er: „Mir schwindelt der Kopf; ich habe seit zwölf Nächten nicht geschlafen, helft mir die nöthigen Befehle ertheilen." Gourville war ihm so viel als

---

*) Als Ludwig im höheren Alter ohne fortwährende künstliche Reizmittel das Leben kaum noch ertragen konnte, wurden für ihn Liqueure erfunden. In der Blüthe seines Lebens war sein Appetit ungeheuer.

möglich behilflich; aber Vatel dachte fortwährend an den Braten, der nicht auf der Tafel des Königs, sondern auf den Nebentafeln fehlte. Gourville sprach darüber mit dem Prinzen; dieser begab sich in Vatel's Zimmer und sprach zu ihm: „Es geht alles vortrefflich, Vatel; die Tafel des Königs war unvergleichlich." Vatel erwiderte: „Monseigneur, eure Güte erdrückt mich; ich weiß, daß an zwei Tafeln der Braten fehlte." — „Ach, nicht doch," antwortete der Prinz; „seid deshalb unbekümmert; es geht alles vortrefflich." Der Abend kam; das Feuerwerk versagte; es hatte sechzehntausend Francs gekostet. Vatel stand um vier Uhr auf, um alles persönlich anzuordnen. Es lag noch alles im Schlafe. Er traf einen untergeordneten Einkäufer, der nur zwei Packte Seefische brachte. „Ist das Alles?" fragte er. „Ja, Herr." Der Mann wußte nicht, daß Vatel nach allen Seehäfen geschickt hatte. Vatel wartete eine Weile; die anderen Einkäufer blieben aus. Ihm begann der Kopf zu brennen; er glaubte, es würden keine Fische mehr ankommen. Zu Gourville, dem er begegnete, sagte er: „Monsieur, ich werde diese Schande nicht überleben." Gourville nahm dieß nicht so ernstlich. Vatel geht hinauf in sein Zimmer, stemmt seinen Degen gegen die Thüre und durchbohrt sich, fällt aber erst nach dem dritten Stoße todt zu Boden. Mittlerweile kommen von allen Seiten Fische an; man sucht Vatel, der sie vertheilen soll; man geht nach seinem Zimmer, klopft, öffnet die Thüre mit Gewalt und findet ihn in seinem Blute. Man beeilt sich, die Neuigkeit dem Prinzen zu melden, der darüber in Verzweiflung geräth. Der Herzog weinte; er war wegen Vatel aus Burgund gekommen. Der Prinz verkündete dem König die Trauernachricht mit allen Zeichen der tiefsten Bekümmerniß. Man schrieb die That dem hohen Ehrgefühle zu, das den Mann in seiner Art beseelt hatte. Er wurde höchlich gepriesen und sein Muth fand gleichzeitig Lob und Tadel. Der König sagte, daß er es aus Furcht vor der Verlegenheit, die er verursachen würde, fünf Jahre verzögert hätte, nach Chantilly zu kommen."

Dieß sind genau die Worte, mit welchen Madame de Sévigny eines der außerordentlichsten Beispiele von Selbstaufopferung erzählt, von welchen die Geschichte berichtet. „Enfin, Manette, voilà ce que c'était que Madame de Sévigné et Vatel! Ce sont ces gens-là qui ont honoré le siècle de Louis Quatorze *)." Wir fügen noch einige Betrachtungen über denselben Gegenstand hinzu, welche wir einer an Vatel's Schatten gerichteten Widmung entlehnen, die dem Schlußbande des „Almanach des Gourmands" sehr passend vorausgeschickt ist:

„Wer war der Achtung und Dankbarkeit echter Gourmands je würdiger als der geniale Mann, der die Schmach der Tafel des großen Condé nicht überleben wollte, der sich mit eigener Hand opferte, weil die Seefische einige Stunden vor der Zeit, wo sie aufgetragen werden sollten, noch nicht angelangt waren? Ein so edler Tod sichert dir, verehrter Schatten, die ruhmvollste Unsterblichkeit. Du hast bewiesen, daß die Schwärmerei der Ehre in der Küche eben so gut existiren kann, wie auf dem Schlachtfelde, und daß Bratspieß und Pfanne ebenfalls ihre Catos und Deciusse haben."

„Dein Beispiel ist allerdings von keinem Maitre d'hôtel des nächstfolgenden Jahrhunderts nachgeahmt worden und in die-

---

*) Aus dem französischen Vaudeville „Vatel," von Scribe und Mazeres. — Vanderdoort, der Karls I. Sammlung zu beaufsichtigen hatte, erhing sich, weil augenblicklich ein Miniaturbild von Gibson fehlte. (Walpole.)

sem philosophischen Zeitalter wollen alle lieber auf Kosten ihrer Herren leben, als für sie in den Tod gehen. Aber dein Name wird deßhalb nicht minder von allen Freunden einer guten Tafel verehrt werden. Möge ein so edles Beispiel den Wetteifer aller Maitres d'hôtel dieser und künftiger Zeit stets beeinflussen, und wenn sie Dich auch in deinem ruhmreichen Selbstmorde nicht nachahmen, so mögen sie doch mit allen menschlichen Mitteln dafür Sorge tragen, daß nie Seefische auf unsren Tafeln fehlen."

Der Prinz von Soubise, der durch die nach ihm benannte Sauce unsterblich geworden ist, erfreute sich ebenfalls eines ausgezeichneten Koches — eines Mannes echter Wissenschaft mit fürstlichen Begriffen von Aufwand. Sein Gebieter theilte ihm eines Tages mit, daß er die Absicht hätte, ein Abendessen zu veranstalten, und verlangte einen Küchenzettel. Der „Chef" überreichte ihm einen solchen mit einem Ueberschlag und der erste Artikel, auf welchen des Prinzen Blick fiel, war — funfzig Schinken. „Ei was," rief er, „Du mußt von Sinnen sein, Bertrand! Willst Du mein ganzes Regiment bewirthen?" — „O nein, Monseigneur, es wird nur ein Schinken auf der Tafel erscheinen, aber die übrigen sind trotzdem nicht minder nöthig zu meinen Espagnoles, meinen Blonds, meinen Garnitures, meinen —". „Bertrand, Du plünderst mich aus und dieser Artikel kann nicht durchgehen." — „O gestrenger Herr," entgegnete der unwillige Künstler, „Sie kennen nicht unsere Hilfsmittel; geben Sie Befehl und ich bringe die funfzig Schinken, die Sie in Erstaunen setzen, in eine Glasflasche nicht dicker als mein Daumen." Was ließ sich darauf antworten? Der Prinz nickte und der Artikel wurde angenommen.

Wenden wir uns auf einen Augenblick nach England, so

finden wir den Zustand der Kochkunst unter Karl II. hinreichend durch die Namen Chiffinch und Chaubert bezeichnet, für deren Geschmack und Geschicklichkeit der Verfasser von Waverley in seiner Beschreibung der in der kleinen Schenke von Derbyshire für Smith, Ganlesse und Peveril vom Gipfel angerichteten Mahlzeit genügendes Zeugniß gibt: — „Wir könnten füglich keine Kohlenfeuer anbringen und selbst Chaubert ist nichts, wenn seine Gerichte nicht im Augenblicke des Erscheinens genossen werden. Nun, decket auf, und laßt sehen, was er für uns gethan hat. Hm — ha — ei — junge Tauben — wildes Geflügel — junge Hühner — Wildpretschnitte — und in der Mitte ein leerer Raum, ach feucht von einer milden Thräne aus Chauberts Auge, wo die soupe aux écrevisses hätte sein sollen. Der Eifer dieses armen Menschen wird durch seine lumpigen zehn Louisdor für den Monat nur schlecht belohnt.*)“

Ein entschiedener Beweis für den siegreichen Zustand der Kunst im siebenzehnten Jahrhundert liefert „der vollendete Koch“ von Robert May, dessen erste Auflage im Jahre 1665 erschien. In der Widmung an Lord Montague, Lord Lumley, Lord Dormer und Sir Kenelm Digby sagt der Verfasser: „Damit unsere englische Welt die Mäcenen und Beschützer dieser edlen Kunst kennen lerne, habe ich dieses Werk unter dem Schutze Eures Namens veröffentlicht, zu deren Füßen ich diese Versuche niederlege.“

Von der französischen Küche spricht er ziemlich verächtlich, gesteht aber ein, daß er den italienischen und spanischen Abhandlungen nicht wenig verpflichtet sei, obgleich er, wie er sagt, ohne die Pflege und Ausbildung, die ihn unter der Großmuth

---

*) Peveril, 2. Bd S. 165.

und Freigebigkeit seiner edlen Gönner und Herren zu Theil geworden sei, nie zu dieser Erfahrung hätte gelangen können. Diese Pflege war jedenfalls ausgezeichnet. Aus einer dem Buche sehr bescheiden vorausgeschickten „kurzen Erzählung einiger Züge aus des Verfassers Leben" erfahren wir, daß er, nachdem ihm unter der Leitung seines Vaters, einem der tüchtigsten Köche seiner Zeit, ein gewisser Grad von Ausbildung zu Theil geworden war, von der alten Lady Dormer nach Frankreich geschickt wurde, wo er fünf Jahre in der Familie eines edlen Pairs und ersten Präsidenten von Paris verweilte. Nach seiner Rückkehr wurde er Lehrling bei „Herrn Arthur Hollinsworth, einem der geschicktesten Arbeiter in London, dem Koch des Kramer-Innungshauses und der Sternkammer. Nachdem er seine Lehrzeit vollendet hatte, berief ihn Lady Dormer in ihr Haus, wo er mit noch vier anderen Köchen unter der Leitung seines Vaters stand, der damals dieser hochachtbaren Dame diente. Solche edle Häuser gab es damals (ungefähr 1610) — der Ruhm der damaligen, die Schande der gegenwärtigen Zeit. Dieß war die Zeit, wo die Kochkunst ihre Triumphe feierte." Einer dieser Triumphe war die Erbauung eines Schiffes von Backwerk mit Geschützen, die mit wirklichem Pulver geladen waren, und eines Kastells von Pasteten, worin sich lebendige Frösche und Vögel befanden. Nachdem er hinsichtlich der Abfeuerung der Geschütze seine Vorschriften ertheilt hat, fährt er fort:

„Wenn dieß geschehen ist, mögen die Damen, um den Pulvergestank zu vertreiben, die mit wohlriechendem Wasser gefüllten Eierschalen ergreifen und sich damit werfen. Ist hierauf scheinbar alle Gefahr überstanden, so wird man wahrscheinlich sehen wollen, was sich in den Pasteten befindet; zuerst wird der Deckel der einen Pastete aufgedeckt und heraus schlüpfen einige

Frösche und die Damen fangen an zu hüpfen und zu schreien; dann wird der andere Deckel gelüftet und die Vögel fliegen heraus, die von ihrem natürlichen Instinkt getrieben, nach dem Lichte fliegen und die Kerzen auslöschen, so daß die fliegenden Vögel oberhalb, die hüpfenden Frösche unterhalb der ganzen Gesellschaft viel Vergnügen und Belustigung gewähren werden. Endlich werden die Kerzen wieder angebrannt und ein Nachtisch aufgetragen, die Musik erschallt und jeder erzählt mit großem Entzücken von dem, was vorher vorgefallen ist" — d. h. während die Lichter ausgelöscht waren. — "Dieß waren früher die Vergnügungen des Adels, ehe die echte Gastfreundschaft England verlassen hatte und das Schwert in Wirklichkeit dasjenige ausführte, was in dergleichen ehrbaren und lobenswerthen Leistungen nur nachgeahmt wurde."

Unter der Königin Anna, der Königin der Gourmands, deren Lieblingsarzt Lister, einer der Herausgeber des **Apicius** war und die in der That die höchste Ehre der Gastronomen erwarb, indem sie einen Pudding ihren Namen gab, mangelte es dagegen der Kochkunst auf jeden Fall nicht an Ermuthigung und Förderung, aber bald nach der Thronbesteigung des Hauses Braunschweig wurde ein Brauch eingeführt, den wir mit dem wahren und eigentlichen Zwecke der Kunst unmöglich im Einklang zu bringen vermögen.

"Der letzte Zweig unseres Brauches," sagt Horace Walpole, "in welchem eine genaue Beobachtung der Natur sich ausprägt, ist unser Nachtisch. Gelées, Biscuit, Zuckerkorn und Crême sind längst Harlekinen, Gondolieren, Türken, Chinesen und Hirtinnen von sächsischem Porzellan gewichen. Aber diese Dinge, an sich unzusammenhangend und nur scheinbar in Schattengängen von gelocktem Papier und seidenen Blumen wandelnd, wurden bald für allzu geschmacklos und nichtssagend gehalten. Allmälig breiteten sich Wiesen mit weidendem Vieh von demselben zerbrechlichen Material über die Tafel aus; es erhoben sich Hütten von Zucker und Tempel von Gerstenzucker; pygmäische Neptune in Fahrzeugen von Strahlmuscheln triumphirten über Meeren von Spiegelglas oder Silberstoff. Frauen vom ersten Range kamen mit Puppen und anderen Spielereien beladen nach Hause, aber sie hatten ihre Einkäufe nicht für ihre Kinder, sondern für ihre Haushofmeister gemacht. Endlich kommen selbst diese kindischen Puppenspiele außer Gebrauch und man fängt an, unsere Mahlzeiten auf männlichere Weise zu schließen. Den Pygmäen folgen riesenhafte Figuren und es ist bekannt, daß Lord Albemarle's berühmter Zuckerbäcker, nachdem er ein Mittelgericht von Göttern und Göttinnen von achtzehn Fuß Höhe ausgeführt hatte, darüber klagte, daß sein Herr zur Erleichterung der Aufstellung

„Der Intendant von Gasconien," fügt Walpole hinzu, „veranstaltete bei der Geburt des Herzogs von Burgund außer anderen großartigen Festlichkeiten der Noblesse der Provinz ein Gastmahl mit einem Nachtisch, welcher mit einer aus kunstvollen, durch ein Uhrwerk bewegten Wachsfiguren bestehenden Darstellung der ganzen Geburtsarbeit der Kronprinzessin, sowie der glücklichen Geburt eines Erben der Monarchie endigte.*)"

Glücklicher Weise gab es zu beiden Seiten des Kanals Männer von Geschmack, welche die Kunst anderen Zwecken als

---

*) Lord Oxford's Works, Vol. I. pag. 149.

der Eitelkeit dienstbar machten, und unter diesen zeichnete sich besonders der Herzog von Orleans aus. Seine petits soupers verliehen ihrem Schauplatze eine Berühmtheit, die dieser noch immer bewahrt und die wohl die Antwort jenes Franzosen rechtfertigen kann, der in einem entlegenen Theile von Europa von einem Fremden gefragt, ob er ihm die Richtung von Paris angeben könnte, erwiderte: „Monsieur, ce chemin là vous conduira au Palais Royal." Nach einer unbestimmten Ueberlieferung war der „Chef" des Regenten namentlich in einer „dinde aux truffes" unübertrefflich.

Es war damals Brauch, daß jeder Gast bei jedem Gericht von mehr als gewöhnlicher Vorzüglichkeit ein Goldstück in die Schüssel legte. Dieß war allerdings ein bewundernswürdiges Mittel, den Genius der Künstler anzuspornen, denn gerechte Anerkennung ist zur Ermunterung und Anregung eben so unentbehrlich wie gerechter Tadel. Der Herzog von Wellington ersuchte einst einen berühmten Kenner, ihm einen „Chef" zu besorgen. Man empfahl ihm Felix, welchen der verstorbene Lord Seaford aus öconomischen Gründen wenn auch ungern, zu entlassen im Begriff war, und der Herzog nahm ihn an. Einige Monate später speiste der Patron dieses Koches bei Lord Seaford und ehe noch der erste Gang halb beendigt war, bemerkte ersterer: „Sie haben also, wie ich finde, des Herzogs Koch zur Bereitung Ihres Mittagsmahles erlangt." „Allerdings," antwortete Lord Seaford, „aber Felix ist nicht mehr bei dem Herzog. Der arme Mensch kam mit Thränen im Auge zu mir und bat mich, ihn mit geringerem Lohn oder wenn es nöthig sei ohne allen Lohn wieder aufzunehmen, denn er sei vest entschlossen nicht in Apsley-House zu bleiben. „Hat der Herzog getadelt?" fragte ich. „O nein Mylord, dann würde ich bleiben, wenn er dieß gethan hätte. Er ist der gütigste und großmüthigste Herr, den man finden kann; aber ich bereite ihm ein Mittagsessen, worüber Ude und Francatelli vor Neid bersten würden und er sagt nichts dazu; ich trage ihm ein Mittagsessen auf, das von der Küchenmagd angerichtet und schlecht angerichtet ist, und er sagt abermals nichts. Bei einem solchen Herrn kann ich nicht leben und wäre er hundertmal ein Held." Um die Kritik zu erleichtern und die Verantwortlichkeit zu individualisiren, ist es an einigen ausgezeichneten russischen und deutschen Tafeln — namentlich an der königlichen Tafel von Hannover — herkömmlich, auf der Speisekarte, von welcher neben dem Teller jedes einzelnen Gastes ein Exemplar liegt, den Namen des Koches zu nennen, von welchem jedes Gericht herrührt, ganz wie man auf einem Programm für ein Konzert die Namen der Vortragenden angibt*).

Ludwig XV. vergaß in mitten seiner anderen Genüsse auch jenen nicht, der, wie weise bemerkt worden ist, mit allen anderen Freuden harmonirt und uns bleibt, um uns für deren Verlust zu trösten. Es wird allgemein angenommen, daß unter seiner Leitung jene „tables volantes" erfunden worden seien. „Bei den kleinen Soupers in Choisy (sagt der anmuthigste und geschmackvollste aller Dichter) wurden zuerst diese bewundernswürdigen Mechanismen eingeführt — eine Tafel und ein Nebentisch, die hinabgelassen wurden und mit Speisen und Wein sich wieder erhoben. Und so war Europas üppigster Hof nach all seinen gepriesenen Verfeinerungen froh, mit dieser eigenthümlichen

---

*) Siehe den ersten Anhang.

Erfindung endlich zur Ruhe und Traulichkeit des bescheidenen Lebens zurückkehren zu können" *).

Ludwig XVI. soll seine Tafel etwas vernachlässigt haben und es mag dieß eine der vielen Ursachen seines Falles gewesen sein; denn ein Mann, der seinen Tisch vernachlässigt, wird, wie Johnson sagt, gewöhnlich auch andere Dinge vernachlässigen. Bei Ludwig XVI. war eine solche Gleichgültigkeit doppelt unverzeihlich, da eine Zeit lang der große Ude ein Diener seines Hauses war. Ludwig XVIII. (den wir jetzt erwähnen, um nicht noch einmal zu der Dynastie zurückkehren zu müssen) war ein Gastronom vom reinsten Wasser und hatte den Herzog d'Escars zu seinen obersten Haushofmeister ernannt, einen Mann, dessen Schicksal mit seinen Verdiensten kaum in Einklang stand. Er starb untröstlich, nicht einem einzigen Gerichte seinen Namen gegeben zu haben, nachdem er sein ganzes Leben der Kochkunst gewidmet hatte. Wenn seine besten Freunde ihn auf das Schmerzlichste verwunden wollten, so brauchten sie nur von dem „Veau à la Béchamel" zu sprechen. „Meine Herren," rief er dann, „sprechen Sie nicht mehr davon, oder halten Sie mich für den Urheber oder Erfinder des Gerichtes. Diese französische Revolution war nothwendig, um in dem allgemeinen Umsturz den armen Bechamel mit diesem Ruhme zu zieren. Er war, unter uns gesagt, völlig unschuldig an irgend welcher Erfindung. Aber das ist der Lauf der Welt — er geht geraden Weges in die Nachwelt und Ihr gehorsamster Diener wird sein Leben beschließen, ohne ein Andenken zurückzulassen."

D'Escars Schicksal war um so härter, weil er als Opfer der Gastronomie starb. Es wird von Herbault, hutmachenden

---

*) Rogers's Gedichte, S. 135, Anm.

Angedenkens, erzählt, daß wenn er mit den tieferen Geheimnissen seiner Kunst beschäftigt gewesen sei, sein Diener einsprechende Besuche mit den Worten abgewiesen habe: „Monsieur n'est pas visible, il compose." Wenn der Herzog d'Escars und sein königlicher Gebieter zusammen kamen, um über eine neue Speise zu berathen, mußten die Minister im Vorzimmer warten und am nächsten Tage erschien in den offiziellen Journalen gewöhnlich die Anzeige: „Monsieur le duc d'Escars a travaillé dans le cabinet." Ludwig XVIII. hatte die truffes à la purée d'ortolans erfunden, und da er das Geheimniß keinem gewöhnlichen Vertrauten oder Diener preisgeben mochte, so bereitete er das Gericht, von dem Herzoge unterstützt, stets mit seinen eigenen königlichen Händen. Eines Tages hatten sie ein Gericht von mehr als gewöhnlichem Umfange zubereitet und es vollständig aufgezehrt. Mitten in der Nacht wurde der Herzog von einem Anfall von Indigestion heimgesucht und man hielt ihn für verloren. Seinem Herrn bis zum letzten Augenblicke treu ergeben, schickte er einen Diener an den König, der möglicher Weise einen ähnlichen Anfall ausgesetzt sein konnte. Der König wurde geweckt und vernahm, daß sein treuer Diener an seiner Erfindung sterbe. „Wie, er stirbt," rief Ludwig — „stirbt an meinen truffes a la purée? Dann habe ich recht gehabt. Ich habe immer gesagt, daß ich von uns beiden den besten Magen hätte."

Die Revolution sah in ihrem Anfange ganz darnach aus als wollte sie die Kunst in eine lange Nacht der Barbarei verweisen und vernichtete thatsächlich die vorher vorhandenen Geschlechter von Amphitryonen und Gastgebern, wir meinen nicht nur den hohen Adel mit seinem Anhange von Chevaliers und Abbés, sondern auch die Financiers, die ihren übelerworbenen Reichthum so rühmlich verwendeten, daß gastronomische Philo-

sophen fast deren Ursprung vergaßen. Welche Schaar von ange=
nehmen Gedanken und Empfindungen erwacht nicht bei der bloßen
Erwähnung eines Gerichts à la financière! Sie wurden jedoch,
wenn auch nur langsam, durch die unvermeidlichen Folgen der
Ereignisse, welche ihnen verderblich gewesen waren, wieder her=
vorgerufen. Die Häupter der Republik, die Marschälle und Par=
venu=Edelleute Napoleons waren in dieser Beziehung keine üblen
Stellvertreter der Financiers, obgleich sie sich vergebens bemüh=
ten, das stattliche Wesen, sowie die Wappen und Titel des alten
Lehnsadels nachzuahmen. Zu den in dieser Hinsicht am meisten
sich auszeichneten Persönlichkeiten dieser Pilzgeneration gehört
Cambacérès, zweiter Consul unter der Republik und Erzkanzler
unter dem Kaiserreich, der nie durch Staatsgeschäfte seine Auf=
merksamkeit von „dem großen Lebenszwecke" ablenken ließ. Als
er zum Beispiel einst bei Napoleon durch eine Berathung über
die bestimmte Tischstunde hinaus aufgehalten wurde — wie es
heißt, handelte es sich um das Schicksal des Herzogs von Enghien
— verrieth er eine auffallende Ungeduld und Unruhe. Endlich
schrieb er ein Billet, daß er einem Diener zur Besorgung über=
gab. Napoleon, der den Inhalt errieth, gab einem Adjutanten
einen Wink, die Depesche aufzufangen. Als er sie in seine Hand
nahm, bat Cambacérès dringend, daß er nicht ein so unbedeu=
tendes, auf Familienangelegenheiten bezügliches Zettelchen lesen
möchte. Napoleon bestand auf seinen Willen und fand, daß
das Billet an den Koch gerichtet war und nichts weiter als die
Worte enthielt: „Gardez les entremets — les rôtis sont
perdus."

Wenn Napoleon über den Erfolg einer diplomatischen Con=
ferenz guter Laune war, pflegte er die Bevollmächtigten mit den
Worten zu verlassen: „Gehen Sie und speisen Sie bei Cambacérès.

Seine Tafel war in der That eine wichtige Staatsmaschine, wie aus der Anekdote von der Genfer Forelle hervorzugehen scheint, die ihm von der Stadtobrigkeit von Genf überschickt und in der Rechnung mit dreihundert Francs angesetzt wurde. Der kaiserliche Cour des Comptes, der diesen Posten verworfen hatte, erhielt die Weisung, sich in Zukunft nicht in Municipalangelegenheiten zu mischen. Barrère's Soupers waren hinsichtlich ihrer Berühmtheit Cambacérè's Mittagstischen vorangegangen. Sir James Mackintosh erzählt in seinem Pariser Tagebuch vom Jahre 1814, daß Metternich im Jahre 1794 seinem Kollegen Trautmannsdorf in Brüssel einen Franzosen, einen verfolgten Royalisten, der wahrscheinlich ein Spion war, mit den Worten vorstellte: „Hier ist M—, eben aus Paris angelangt, der versichert, daß mit Robespierre kein Friede geschlossen zu werden brauchte." Trautmannsdorf behauptete das Gegentheil. M—, um seine Meinung zu bekräftigen, sagte: „Ich speiste vor vierzehn Tagen bei Barrère und er sagte mir, Robespierres Herrschaft würde nicht sechs Wochen dauern." — „Ich habe nie bei Barrère gespeist," entgegnete Trautmannsdorf. „Es ist unmöglich," antwortete M—, „die Revolution zu verstehen, ohne bei Barrère gespeist zu haben."

Aber es darf dem nachtheiligen Einfluß gegenüber, welchen die Revolution in ihren ersten Erscheinungen auf die Kochkunst ausübte, nicht unerwähnt bleiben, daß sie wesentlich dazu beitrug, die Küche von Vorurtheilen zu emancipiren und deren Hilfsmittel bedeutend vermehrte. „Mit der Nationalversammlung," sagt Lady Morgan auf Carême's Bürgschaft, „kamen pièces et résistance in Mode — in der Schreckensherrschaft wurden Kartoffeln en naturel aufgetragen, und unter dem Directorium begann Frankreich Thee zu trinken." Aber die erwähnte Lady wie

Carême sind offenbar im Irrthum, wenn sie sagen, daß während der Erschütterung nur ein einziges Haus (les frères Robert) das heilige Feuer der französischen Küche unterhalten habe. Der in dieser Vermuthung liegende Irrthum wird sich deutlich herausstellen, wenn wir einen flüchtigen Blick auf die bei weitem wichtigste Veränderung werfen, welche die Revolution hervorbrachte — eine Veränderung, welche die größte Aehnlichkeit mit jener an sich trägt, die durch die Verbreitung der Wissenschaft in der Literatur entstanden ist.

Es gab eine Zeit, wo für einen Schriftsteller ein Gönner eben so unentbehrlich war wie ein Verleger. Der in Southamptons Vorzimmer wartende Spenser war ein passendes Bild dieser Art, und so lange dieser Zustand der Dinge dauerte, war die Charakterunabhängigkeit der Schriftsteller, ihre Stellung in der Gesellschaft, ihr Bestrebungsvermögen und ihre Denkweise gedrückt, beengt und gefesselt. Umstände, auf welche wir hier nicht näher eingehen können, erweiterten das Feld der Thätigkeit und verwiesen die Literatoren, zum offenbaren Vortheil aller Parteien, fast ausschließend auf die Gönnerschaft des Publikums. Ganz dieselbe Veränderung wurde für den Zustand und die Aussichten der französischen Kochkunst durch die Revolution hervorgebracht, welche jene Eigenthümlichkeit, wodurch sich Paris am meisten auszeichnet, seine Restaurants, in ihrer Entwicklung gewaltig beschleunigte, wenn nicht ursprünglich ins Leben rief.

Wie Boswell erzählt, pries Johnson England glücklich im Besitz seiner „Bischofsmützen," „Türkenköpfe" u. s. w. und triumphirte über die Franzosen, weil sie das Wirthshausleben in irgend einer Vollkommenheit nicht aufzuweisen hätten. Die heutigen Engländer, die sich daran gewöhnt haben, Häuslichkeit als ihre Nationaltugend, und das Wirthshausleben als die we=

sentliche Eigenthümlichkeit der Franzosen zu betrachten, werden über die Parallele erstaunen, aber sie war dennoch zu ihrer Zeit vollkommen begründet. Der erste Restaurateur in Paris war Champ d'Oisseau, Rue de Poulies, der im Jahre 1770 sein Geschäft begann. Im Jahre 1789 hatte sich die Zahl der Restaurateurs bis auf hundert vermehrt; im Jahre 1804 (wo der erste Almanach des Gourmands erschien) gab es deren fünf bis sechshundert und gegenwärtig zählt man weit über tausend. Der Almanach nennt drei wesentliche Ursachen, welche die Entstehung und Vermehrung dieser Etablissements bewirkt haben. Erstlich die Sucht nach englischer Mode, die in den letzten zehn bis fünfzehn Jahren unmittelbar vor der Revolution unter den Franzosen sich verbreitet hatte, „denn die Engländer," sagt der Verfasser, „speisen bekanntlich fast immer in Wirthshäusern." Zweitens „der plötzliche Zusammenfluß hausstandloser Gesetzgeber, die den Ton angebend, durch ihr Beispiel ganz Paris ins Wirthshaus zogen." Drittens die Auflösung der Haushaltungen des reichen weltlichen und geistlichen Adels, dessen Köche von nun an ihren Unterhalt im öffentlichen Leben suchen mußten. Robert, einer der ersten und besten Restaurateurs war ehemaliger „Chef" des ehemaligen Erzbischof von Aix. Außerdem hat man eine vierte Ursache angeführt, auf welche wir jedoch kein besonderes Gewicht legen; man hat nämlich gesagt, daß die neuen patriotischen Millionairs, die sich auf Kosten der Kirche und des Adels bereichert hatten, in jener kritischen Zeit sich gescheut haben dürften, den ganzen Umfang ihres Reichthums an den Tag zu legen und daher, statt eine eigene Küche zu halten, es vorgezogen hätten, ihre epikuräischen Neigungen in einem Speisehause zu befriedigen. Sei dem wie ihm wolle, so ist doch entschieden, daß zu Anfang des neunzehnten Jahrhunderts Frankreichs Kü=

chengenius in den Restaurants dauernd seinen Wohnsitz genommen hatte, und als im Jahre 1814 die verbündeten Monarchen in Paris einzogen, waren sie unabweislich genöthigt, wegen des Bedarfs ihrer Tafel sich an einen Restaurateur (Véry) zu wenden, der die mäßige Summe von 3000 Franks für den Tag (ausschließlich des Weines) verlangte.

Um diese Zeit trat jedoch eine gewisse Reaction ein. Viele der besten Köche wirkten wieder in Privatküchen. Die vornehmen Fremden, die nach dem Frieden nach Paris kamen, wetteiferten mit den einheimischen königlichen und hochadlichen Amphitryonen in großmütiger Beschützung der Kunst, und die nächsten zehn oder fünfzehn Jahre unmittelbar nach der Restauration können als die Epoche bezeichnet werden, während welcher die französische Kochkunst ihren Glanzpunkt erreicht hatte.

Hätte man ein neues Pantheon, eine Walhalla für ausgezeichnete Köche errichtet, so würden folgende, die in den ersten fünfundzwanzig Jahren dieses Jahrhunderts zur Reife gelangten oder den Grund zu ihrem Ruhme legten, auf Nischen, Piedestale oder Inschriften innerhalb der geheiligten Räume jedenfalls gerechten Anspruch haben: — Robert (Erfinder der Sauce), Rechaud, Merillion; Benaud, Cambacérés Küchenchef; Farci, Chef de la Bouche Impériale; Bouchesèche, Chevalier, Louis Esbras, Plumeret und Paul Véry, die Talleyrand's berühmte Küchenbrigade bildeten; Legacque, Koch des Marschalls Duroc und Gründer eines Restaurants, das unter dem Kaiserreich wegen seiner parties fines berühmt wurde; Joubert, längere Zeit Koch bei Herrn Lafitte und dann beim Fürsten Esterhazy; Baleine und Borel, Tailleur, die Gebrüder Véry, Robin, später in Diensten des Lord Stair; Beauvilliers, Caréme u. s. w. u. s. w. Von diesen hat man die drei ersten sehr geistreich als den Raphael, Michel Angelo und Rubens der Kochkunst bezeichnet und Beauvilliers wurde durch Acclamation an die Spitze der klassischen Schule gestellt, die diesen Namen zur Unterscheidung von der romantischen Schule führte, als deren Haupt man den berühmten Carème zu betrachten pflegte. Auch hierin wird der philosophische Beobachter eine innige Aehnlichkeit zwischen der Kochkunst und der Literatur erkennen.

Beauvilliers war in vielen Beziehungen ein merkwürdiger Mensch und wir sind glücklicher Weise im Stande, seinen zukünftigen Biographen mit einigen Notizen zu versehen. Er begann die Ausübung seines Berufs um das Jahr 1782 in der Rue Richelieu Nr. 20, was wir zur Belehrung derjenigen mittheilen, die gern die historisch merkwürdigen Punkte einer Hauptstadt aufsuchen. Sein Ruf wuchs langsam und erreichte erst zu Anfang des gegenwärtigen Jahrhunderts seine volle Höhe, auf welcher er sich fortwährend erhalten hat, denn in den Jahren 1814—15 wetteiferte Beauvilliers mit Véry erfolgreich in der Gunst jener fremden Herrn — „unserer Freunde der Feinde" — „nos amis les ennemis." Er machte die persönliche Bekanntschaft aller Feldherrn und Generale von Geschmack, aus welchem Lande sie auch stammen mochten, und wußte sich in der Sprache jedes einzelnen so weit verständlich zu machen, als es zu seiner eigenen eigenthümlichen Gesprächsweise erforderlich war. Auch soll sein Gedächtniß, wie berichtet wird, von solcher Beschaffenheit gewesen sein, daß er Leute, die zwei bis drei mal bei ihm gespeist hatten, nach Verlauf von zwanzig Jahren wieder erkannte und mit ihrem Namen anredete, und die Art, in welcher er aus seiner Erfahrung Nutzen zu ziehen suchte, war eben so eigenthümlich wie seine Fähigkeit, sich diese anzueignen. Er errieth es gleichsam instinktmäßig augenblicklich, wenn eine Gesellschaft höheren Ranges bei ihm eingekehrt war und näherte sich gewöhnlich ihrer Tafel mit allen Zeichen der tiefsten Unterwürfigkeit und der innigsten Aufmerksamkeit für die Befriedigung ihrer Wünsche; er bezeichnete ein Gericht als ein zu vermeidendes, ein anderes dagegen als ein solches, das augenblicklich herbeigeschafft werden müßte; er bestellte auf eigene Verantwortung ein drittes, an welches niemand gedacht hatte, oder ließ Wein aus einem Keller holen, zu welchem er allein den Schlüssel besaß, und nahm mit einem Worte ein so liebenswürdiges einnehmendes Wesen an, daß man geneigt war, all diese Nebendinge für gastfreundschaftliche Spenden zu halten. Aber nachdem er auf diese Weise seine amphitryonenartige Rolle gespielt hatte, verschwand er plötzlich und das Erscheinen der Rechnung überzeugte die Gesellschaft zur Genüge, daß sie in einem Restaurant gespeist hatte. „Beauvilliers," sagt der Verfasser der „Physiologie du Goût", „hat mehrmals sein Glück gemacht und es eben so oft wieder verscherzt und es ist nicht genau bekannt, in welcher von diesen Phasen er vom Tode überrascht wurde; aber er hatte so vielfache Mittel, sich seines Geldes zu entledigen, daß seinen Erben jedenfalls nicht viel übrig blieb." Kurz vor seinem Ende erfüllte er die Verbindlichkeit, die, wie Lord Bacon sagt, jedermann seinem Berufe schuldet — obgleich wir es nicht zu bedauern haben würden, wenn sie weniger oft bezahlt würde — indem er in zwei Octavbänden seine „Art du Cuisinier" herausgab. Er starb einige Monate vor Napoleon.

Carême ist wie sein großer Nebenbuhler ebenfalls ein Schriftsteller und ein sehr unerschrockener, denn er sagt in der Vorrede zu seinem „Maitre d'Hôtel Français": „Ich habe unbestreitbar bewiesen, daß alle bis jetzt vorhandenen Bücher über Küche voll von Irrthümern sind." — Hierauf beginnt er von seiner eigenen

weit vorzüglicheren Bildung, seinen natürlichen und erworbenen
Fähigkeiten für seine Kunst Zeugniß abzulegen. Wir verdanken
ihm selber und der Lady Morgan, die das Glück hatte, die per=
sönliche Bekanntschaft dieses Mannes zu machen, die hauptsächlich=
sten Züge seiner Lebensgeschichte.

Carême stammt in gerader Linie von jenem berühmten Koch
Leo's X. ab, der wegen einer Fastensuppe, die er für den Papst
erfand, den Namen Jean de Carême (Johann von Fasten) er=
hielt. Es ist merkwürdig, daß der erste Beweis von Genie, wel=
chen unser Carême ablegte, ebenfalls eine Sauce für Fasten=
speisen war. Er begann seine Studien mit einem regelmäßigen
Cursus in der Bratkunst unter einigen der geschicktesten Braten=
macher seiner Zeit; obgleich es eine Lieblingsidee der Gastrono=
men ist, daß Dichter und Brater in eine und dieselbe Kategorie
gehören: — „on se fait cuisinier, mais on est né rôtisseur —
poeta nascitur, non fit". Hierauf stellte er sich unter die Leit=
ung des Herrn Richaut — „fameux saucier de la maison
de Condé", wie ihn Carême nennt — um das Geheim=
niß der Saucen zu erlernen, dann unter die Leitung des
Herrn Asne mit besonderer Absicht auf die „belles parties des
froids" und absolvirte endlich unter Robert l'Ainé, einem Pro=
fessor der élégance moderne.

Es entstand, wie man sich denken kann, ein nicht geringer
Wetteifer, die Dienste eines so vollendeten Künstlers zu gewinnen.
Fast die Hälfte der europäischen Souveraine bewarb sich um
ihn. Wiederholte Bitten und ein angebotener Jahrgehalt von
tausend Pfund Sterling bewogen ihn endlich, bei Georg IV. (dem
damaligen Regenten) als Chef einzutreten, welche Stellung er aber
schon nach wenigen Monaten wieder verließ. Wir haben gehört,

daß während seines Aufenthalts in Carlton-House von Aldermen ungeheuere Preise für seine Pasteten aus zweiter Hand bezahlt wurden, nachdem sie bereits auf des Regenten Tafel erschienen waren. Die Kaiser von Rußland und Oestreich machten ihm bei dieser Gelegenheit neue Anerbietungen — aber vergebens. „Mon ame tout Française, ne peut vivre qu'en France," sagte er und trat endlich als Chef in das Haus des Barons Rothschild in Paris, der mit den englischen Zweigen derselben ausgezeichneten Familie in der stattlichsten Weise den charakteristischen Ruf eines Financiers bewahrt.

Da wir Beauvilliers und Carême als die Häupter der beiden nebenbuhlerischen Kunstschulen bezeichnet haben, so wird man wahrscheinlich genug auch erwarten, daß wir den Unterschied zwischen ihnen angeben; aber wie sollen wir mit Worten eine so haarkleine Sache wie die schnell verschwindende Köstlichkeit, das leichte flüchtige Aroma eines Gerichtes bezeichnen? Nequeo narrare, et sentio tantum. Müssen wir aber einmal den Unterschied zwischen diesen beiden Meistern angeben, so würden wir sagen, daß Beauvilliers sich mehr durch Urtheil, Carême mehr durch Erfindung auszeichnete; daß Beauvilliers die alte Kunstwelt erschöpfte, Carême aber eine neue entdeckte; daß Beauvilliers strenge an den bestätigten Lehren hing, während Carême einen glücklichen Griff über diese hinaus that; daß Beauvilliers mehr à plomb, Carême dagegen mehr glückliche Eigenthümlichkeit verrieth, daß Beauvilliers groß im Entrée, Carême erhaben im Entrémet war — daß wir mit Beauvilliers für einen Braten gegen alle Welt wetten, aber dagegen wünschen würden, daß Carême die Sauce bereitete, wenn wir uns in die Nothwendigkeit versetzt sehen sollten, einen Elephanten oder unseren Großvater aufzuspeisen *).

Beispiele sind immer besser als Regeln; wir schalten daher hier die lebendige Schilderung ein, die Lady Morgan von einem unter Carème's kunstfertiger Leitung entstandenem Gastmahl in Baron Rothschilds Villa gibt: —

„Ich vernahm die Ankündigung, daß die Tafel angerichtet sei, nicht ohne eine gewisse Bewegung. Wir begaben uns nach dem Speisesaale, nicht wie in England nach der gedruckten Rangordnung des „rothen Buches", sondern nach dem nationalen Höflichkeitsgesetz, daß nur zu Gunsten derjenigen, die am meisten fremd sind, Unterschiede macht. Der Abend war außerordentlich schwül und die Atmosphäre der Zimmer, durch welche wir gingen, trotz der venetianischen Fensterschirme und offenen Veranden überaus drückend. Ein Mittagsessen in dem größten dieser Gemächer drohte mit lästiger Hitze; aber zu einer solchen Besorgniß war kein Grund vorhanden. Das Speisezimmer befand sich vom Hause entfernt in der Mitte eines Orangenhaines; es war ein eleganter länglicher Pavillon von griechischem Marmor, durch funkelnd in die Luft sprudelnde Springquellen Kühlung erhaltend, während die mit einem reizenden und malerischen Nachtisch bedeckte Tafel keinen Duft ausathmete, der mit der Frische des Ortes und der Hitze der Jahreszeit nicht vollkommen harmonirt hätte. Kein geglättetes Gold funkelte im Glanze der untergehenden Sonne, kein glänzendes Silber blendete das Auge; Porzellan, durch seine Schönheit und Zerbrechlichkeit den Werth aller kostbaren Metalle übersteigend, jeder Teller ein Bild, har-

---

*) „Lorsque cette sauce est bien traitée, elle ferait manger son grand-père ou un éléphant." — Almanach des Gourmands.

monirte trefflich mit dem in der ganzen Anordnung vorherrschenden Charakter verschwenderischer Einfachheit und bewies, wie aufmerksam die Veranstalter in allen Dingen den Genius des Ortes zu Rathe gezogen hatten.

„Um der in einem solchen Mittagsessen sich kundgebenden Wissenschaft und Forschung gerecht zu sein, wäre eine eben so große Kenntniß der Kunst erforderlich, wie jene, unter welcher es entstanden war. Seine charakteristische Eigenthümlichkeit bestand darin, daß es der Jahreszeit wie dem Zeitgeiste angemessen war — daß sich in seiner Komposition keine „Perrücke", in keinem einzigen Gerichte eine Spur von der Weisheit unserer Vorfahren zeigte; da gab es keine starkgewürzten Saucen, keine dunkelbraunen Brühen, kein Vorschmack von Cayennepfeffer und Gewürznelken, keine Färbung von eingesalzenen Erdschwämmen und Wallnuß-Eingemachten, keine merkbare Einwirkung jener gemeinen Elemente der Kochkunst der guten alten Zeiten — Feuer und Wasser. Das Ganze bestand aus Läuterungen der leckersten Speisen, mit chemischer Genauigkeit „auf lauen Wolken aufsteigenden Dampfes" abgezogen. Jedes Fleischgericht hatte sein eigenes natürliches Aroma, jedes Gemüse seine eigene grüne Färbung: die „Mayonnaise" war in Eis geröstet (an Ninon's Beschreibung von Sévigne's Herzen erinnernd)*) und die gemäßigte Kälte der „Plombière" — welche die Stelle der ewigen Fondu und der Soufflets auf unseren englischen Tafeln einnahm — ahnte und milderte den heftigeren Ansturz der köstlichen „Lawine", die mit dem Duft und Geruche frisch gepflückter Nectarpfirsichen jeden Sinn befriedigten und jeden unlieblicheren Geruch vertrieben.

---

*) Ninon's Vergleich war „une citrouille frite à la neige".

„Es haben Leute mit weniger Genie als zur Herstellung dieses Mittagsessens erforderlich gewesen war, epische Gedichte geschrieben, und wenn den Köchen gleich den Bühnenkünstlern Kronen ertheilt würden, so würden die Kränze der Pasta oder Sonntag nie ehrlicher verdient sein als der Lorbeer, der für diesen Beweis von Vollkommenheit in einer Kunst, die das Werthzeichen und der Maßstab der modernen Gesittung ist, Carème's Stirne geschmückt haben müßte. Grausamkeit, Gewaltthätigkeit und Barbarei waren die charakteristischen Eigenthümlichkeiten der Menschen, die von den zähen Fasern halb gebratener Ochsen lebten; Menschlichkeit, Kenntniß und Verfeinerung sind Eigenthum des gegenwärtigen Geschlechts, dessen Geschmack durch die Wissenschaft solcher Philosophen wie Carème und solcher Amphitrionen wie seine Beschäftiger geregelt und gebildet wird *).''

Wir haben uns große Mühe gegeben, die Geschichte und die bestimmten Verdienste oder Vorzüge der gegenwärtigen bedeutendsten pariser Restaurants kennen zu lernen, aber alles was wir von ihnen zu sagen haben, unterliegt einer einzigen einleitenden Bemerkung. Sir Humphrey Davy bezeichnet in der Vorrede zu seiner „Agricultur-Chemie" die Wissenschaft als eine so schnell fortschreitende und sich entwickelnde, daß selbst, während er noch sein Manuscript zum Drucke vorbereitete, einige Aenderungen nöthig geworden waren. Nun ist die Kochkunst nach denselben Grundsätzen nicht bloß in ewigem Fortschreiten und ewiger Abwechselung begriffen, sondern ihre Jünger sind auch Veränderungen unterworfen, von welchen die Jünger anderer Wissenschaften glücklicher Weise nicht berührt werden. Der Ruf eines Restaurateurs ist in gewissem Grade immer von der Mode abhängig, denn das

---

*) Lady Morgan: France in 1829—30. Vol. II. p. 414.

Glück eines "plat" liegt in dem Munde desjenigen, der es genießt, und das Verdienst eines Restaurateurs hängt immer in gewissem Grade von seinem Rufe ab. Vertrauen gibt Sicherheit und ein scharfes Auge und eine feste Hand sind zur Wahrnehmung des richtigen Augenblicks für Einmischung der letzten pikanten Zuthat eben so nöthig als zur Wahrnehmung des wandelbaren Glückes einer Schlacht oder zur Ausführung eines kritischen gewinnenden Stoßes auf dem Billard. Außerdem werden wenige patriotisch genug sein, eine Auswahl von seltenen Dingen in Bereitschaft zu halten, wenn nicht besondere und beständige Nachfrage danach ist. Es darf uns daher kein Tadel treffen, wenn unser Bericht in Folge der Veränderungen, die nach dem Anfange des Jahres 1852 eingetreten sein mögen, hier und da eine Erwartung täuschen sollte.

Wir müssen außerdem noch einen Augenblick verweilen, um eines eingegangenen Etablissements, des weitberühmten Rocher de Cancale zu gedenken, das seit der Revolution von 1848 erloschen ist. Es machte sich zuerst durch seine Austern berühmt, die sein Gründer Herr Baleine um das Jahr 1804 zu allen Jahreszeiten frisch und von möglichst guter Beschaffenheit zu erlangen wußte. Hierauf richtete er seine Aufmerksamkeit zunächst auf Wild und Fische, wurde dann in seinen Bestrebungen allgemeiner und erlangte jene Berühmtheit und Bedeutung, deren dieses Haus mehr als vierzig Jahre sich erfreut hat. Um sich einen Begriff von Baleine's unternehmendem Geiste zu machen, muß man bedenken, in welchem Zustande sich im Jahre 1804 die französischen Wege befanden und mit welchen Schwierigkeiten der Transport zu kämpfen hatte. Sein eigentlicher Ruf datirt vom 28sten November 1809, wo er ein Mittagsessen von vier und zwanzig Couverts besorgte, das einen Monat lang der ausschließende Gegenstand der Unterhaltung für das gastronomische Paris war. Die in dem „Almanach" mitgetheilte Speisekarte, eine höchst appetitliche Urkunde, enthält das harmonische und üppige Verzeichniß von vier „Potages", vier „Relevés", zwölf „Entrées", vier „Grosses-Pièces", vier „Plats de Rôt" und acht „Entremets". Um im Rocher in aller Vollkommenheit zu speisen, hätte man ein Mittagsessen von zehn Couverts immer zehn Tage vorausbestellen sollen — und zwar das Couvert für vierzig Franks ohne Wein — ein Preis, den man nicht für übertrieben hielt, da man bei Tailleur für gewöhnlich drei oder vier Louisdor bezahlt hatte.

Wenn keine Gesellschaft zusammen zu bringen war oder man ein Diner improvisiren mußte, pflegte man den Garçon zu fragen, was zu haben wäre, und es war in solchem Falle wahrhaft belustigend, die ruhig besonnene, selbstgefällig intelligente Miene zu beobachten, mit welcher er seine Lehren ertheilte, die immer mit derselben im Tone der begeistertsten Selbstbefriedigung gesprochenen Phrase endigte: — „Bien, Monsieur, vous avez-là un excellent diner!" Das ganze Etablissement war von gleichem Eifer beseelt. Im Herbste des Jahres 1834 hatte sich das Gerücht verbreitet, der Chef sei gestorben und einer von unseren Freunden nahm sich die Freiheit, dieses Gerüchtes gegen den Garçon zu erwähnen, indem er hinzufügte, daß er keineswegs daran glaubte. Der Garçon verließ, ohne ein Wort zu erwidern, das Zimmer und öffnete fünf Minuten später eilig die Thüre. „Messieurs, il vient se montrer!" rief er, und in der That der große Künstler erschien in eigener Person und unser Freund erfreute sich der Ehre eines kurzen aber geistvollen Zwiegesprächs mit einem Manne, dessen Werke häufiger im Munde seiner größten Zeitgenossen waren, als diejenigen anderer großer Künstler.

Es ist ein seltsames Zusammentreffen, daß dieser Eifer sich ganz besonders in einem anderen Etablissement hervorthat, das ebenfalls eingegangen ist — nämlich Restaurant Grignon. Als Beispiel von dem Geschmack des ersten Garçons mag hier erwähnt werden, daß er einst bei einer gewissen Gelegenheit den Verfasser um Entschuldigung bat, wenn die Zubereitung eines besonderen Gerichtes längere Zeit in Anspruch nehmen würde. „Mais monsieur ne s'ennuiera point," fügte er hinzu, indem er seinen zierlich gebundenen Octavband einer Karte darreichte — „voilà une lecture très agréable!" Bei einer anderen Gelegenheit — was hier als Beweis seiner Ehrlichkeit erwähnt werden mag — beschloß ein Freund von uns mit dem besten Weine zu schließen, der zu erlangen wäre, und die Wahl fiel auf Clos de Vougeot. Der Garçon vernahm den Befehl, zögerte aber, und nachdem er sich einige Schritte entfernt hatte, als hätte er das Bestellte herbeischaffen wollen, blieb er stehen. Es rangen in seinem Innern offenbar widersprechende Gefühle um die Oberherrschaft, aber der Kampf entschied sich zu Gunsten unseres Freundes, denn der Garçon kam plötzlich an den Tisch zurück und erklärte, daß der allgemein begehrte Clos de Vougeot zwar vortrefflich sei, daß er aber, wenn er es wagen dürfe, einem anderen Wein den Vorzug zu geben, vorschlagen würde, den Richebourg zu versuchen. Nun ist Richebourg keineswegs ein Wein erster Klasse und es kostete die Flasche nur fünf Francs, während der Clos de Vougeot zwölf Francs kostete; aber unser Freund hatte alle Ursache, mit dieser Entdeckung zufrieden zu sein.

Wir wollen keineswegs dafür bürgen, daß dieser nämliche Richebourg noch lange nachher ausgehalten habe; denn Weinernten lassen sich unglücklicher Weise nicht wie Oxhöfte erneuern und in Paris, wo selbst einige der besten Restaurateurs ihren

Kellern verhältnißmäßig nur geringe Aufmerksamkeit schenken, kann man einen vorzüglichen Wein irgend einer Sorte mit demselben Ausdrucke bezeichnen, dessen sich in Bezug auf einen tugendhaften Despoten der russische Kaiser Alexander bediente, welcher der Madame de Staël, als diese sein Volk im Besitze eines solchen Czaaren glücklich pries, pathetisch geantwortet haben soll: „Ach! Madame, ich bin nichts als ein glücklicher Zufall." Wenn einer dieser glücklichen Zufälle (Wein oder Kaiser) erlischt, dann kann die leere Stelle selten angemessen wieder ausgefüllt werden. Es ist daher, um die Katastrophe zu verzögern, recht gut, unkluge Enthüllungen zu vermeiden, welche sie beschleunigen können, und im gegenwärtigen Falle entschloß sich unser Berichterstatter nicht eher zur Enthüllung des Geheimnisses, als bis er völlig überzeugt war, daß keine große Aussicht mehr vorhanden war, daraus Nutzen zu ziehen — ganz wie Jonathan Wild einst veranlaßt wurde, sich einer guten Handlung schuldig zu machen, nachdem er sich nach der reiflichsten Ueberlegung überzeugt hatte, daß er nichts gewinnen könnte, wenn er sie miede.

Aber zum Rocher zurückkehrend, wollen wir noch hinzufügen, daß dieses Restaurant ganz besonders wegen seiner Frösche und Rothkehlchen berühmt war. Frösche sind vortrefflich als Fricassée oder in Petersilie gebraten; aber sie müssen für den Tisch gezogen und gefüttert werden, sonst wird es mit ihnen nicht besser, wie mit den Schnecken, an welchen sich, die Alten nachahmend, Dr. Ferguson, der Historiker, und Dr. Black, der Chemiker, eines Tages zu erquicken suchten. Diese gelehrten schottischen Professoren ließen auf dem Felde eine Anzahl gewöhnlicher Schnecken suchen und eine Art Suppe daraus bereiten. Sie setzten sich hierauf einander gegenüber an den Tisch und gingen mit vollem Vertrauen ans Werk. Ein Mund voll genügte, Beide zu überzeugen, daß der Versuch ein mißlungener war, aber jeder schämte sich, dies zuerst einzugestehen. Endlich wagte Black, einen verstohlenen Blick auf seinen Freund werfend, die Aeußerung: „Sind sie nicht etwas ungar?" — „Verwünscht ungar," rief Ferguson entschieden — „weg mit ihnen — weg mit ihnen!"

Das Rothkehlchen zeichnet sich durch einen ganz besonders angenehmen bitteren Geschmack aus, da aber meine aufrichtige Empfehlung dieses Vogels als eßbare Waare hier und da als Zeichen einer geheimen Neigung zum Cannibalismus betrachtet worden ist, so dürfte es wohl erwähnenswerth sein, daß die gewöhnliche Meinung von seiner Liebenswürdigkeit, die sich auf die etwas unzuverlässige Geschichte von den Kindern im Walde stützt, durchaus irrig ist. Die Ornithologen stimmen überein, daß er einer der zanksüchtigsten aller Vögel ist und die Einsamkeit, in welcher er lebt, ist jedenfalls eine Folge seiner Streitsucht. Jedenfalls läßt folgender Beweis keine logische Antwort zu:

„Le rouge-gorge" — sagt der Almanach — „est la triste preuve de cette vérité — que le gourmand est par essence un être inhumain et cruel! car il n'a aucune pitié de ce charmant petit oiseau de passage, que sa gentillesse et sa familiarité confiante devraient mettre à l'abri de nos atteintes. Mais s'il fallait avoir compassion de tout le monde, on ne mangerait personne; et commisération à part, il faut convenir que le rouge-gorge, qui tient un rang distingué dans la classe des becs-figues, est un rôti très succulent. On en fait a Metz et dans la Lorraine et l'Alsace, un assez grand commerce. Cet aimable oiseau se mange à la broche et en salmi." —

Nachstehender Brief von einem der ausgezeichnetsten lebenden Sachkenner enthält eine Claissification und Beschreibung der jetzt in Paris bestehenden bedeutendsten Restaurants und wir wüßten nicht, was wir besseres thun könnten, als ihn mitzutheilen, wie er ist:

„Paris, den 1. Mai 1852.

„Ich muß mit großem Bedauern bekennen, daß die Küchenkunst in Paris auf traurige Weise zurückgegangen ist und ich kann nicht recht begreifen, wie sie sich wieder erholen soll, da es gegenwärtig keine großartigen Etablissements gibt, wo die Schule erhalten werden könnte.

„Es kann Ihnen, als Sie hier waren, nicht entgangen sein, daß man in allen Restaurants erster Klasse fast denselben Tisch findet. Man kann sie jedoch in drei Klassen theilen. Für größere Diners mit gutem Wein sind ohne Zweifel am meisten zu empfehlen die Gebrüder Provençeaur, Palais Royal; Philippe, Rue Mont Orgueil, und das Café de Paris; auf letzteres ist nicht immer zu rechnen, aber es ist vortrefflich, wenn man ein bestelltes Diner aufträgt. Zur zweiten Klasse gehören Véry, Palais Royal; Vefour, Café Anglais und Champeaux (Place de la Bourse), wo man einen sehr guten Tisch findet; die Lage ist ziemlich im Mittelpunkte der Stadt in einem schönen Garten, und es ist rathsam, ein „Bifstek à la Châteaubriand" zu verlangen. An der Spitze der dritten Klasse steht Bouvallet am Boulevard du Temple, in der Nähe all der kleinen Theater; dann folgt Desieur, der sich besonders durch größere Gesellschaftstische auszeichnet, Durand, Place de la Madelaine, Ledoyen in den Champs Elysées, wo sich auch Guillemin, der ehemalige Koch des Herzogs von Vincennes befindet. Die zwei besten Oerter für Abendessen sind das Maison d'Or und das Café Anglais, für Frühstück Tortoni und das Café d'Orsay auf dem Quay d'Orsay. In der nächsten Umgebung von Paris ist das beste

Restaurant der Pavillon Henri Quatre in St. Germain, das der alte Koch der Herzogin von Berri besitzt. Aber in keinem dieser Häuser findet man jetzt Diners, wie sie einst von Ude, von Soyer (früher bei Lord Chesterfield), von Rotival (bei Lord Wilton) oder von Perron (bei Lord Londonderry) hervorgebracht wurden.

„Ich darf nicht der zwei großen Lieferanten von Diners und Soupers vergessen; es sind dies Chevet im Palais Royal und Potel am Boulevard des Italiens. Man findet in diesen Etablissements das möglichst beste Material, aber Chevet's und Potel's Diners sind theuer und gewöhnlich — eine Art Tripotage von Trüffeln, Krebse auf dem Rücken eines Lendenbratens und nicht ein einziges Entrée, das ein Sachkenner genießen kann; das gebratene Wild immer verkünstelt und kalt, denn die Federn werden erst wieder aufgesteckt, ehe es aufgetragen wird.

„Sie kennen nun die gepriesene französische Gastronomie. Sie ist nach England ausgewandert und hat keine Lust zurückzukehren. Man braucht hier eben nicht zu verhungern; das ist alles, was sich sagen läßt."

Dieser Brief veranlaßt zu einigen Betrachtungen und gestattet einige Zusätze. Die vergängliche Natur gastronomischer Berühmtheit bedarf keiner weiteren Beleuchtung, wenn wir finden, daß Véry zur zweiten Klasse herabgesunken ist. Die zwei Brüder dieses Namens standen einst an der Spitze der ersten Klasse. Wir haben bereits erwähnt, auf welcher Höhe sie im Jahre 1814 standen, wo sie die Tafel der verbündeten Souveraine zu versorgen hatten und so lange ihr Etablissement an den Tuilerien blieb, bewahrte der Name Véry seine zauberische Anziehungskraft und war das Entzücken und der Stolz der Gastronomen, als aber das betreffende Haus beseitigt wurde, um den öffent-

lichen Gebäuden Platz zu machen, die jetzt auf seiner Stelle
stehen, schwand auch der Genius dieser Familie — ex illo retro
fluere et sublapsa referri. Auch der Tod trat dazwischen und
entführte den ausgezeichnetsten der Brüder. Seinem Andenken
ist in Père la Chaise ein großartiges Denkmal gewidmet, dessen
Inschrift mit den Worten schließt: „Toute sa vie fut consacrée
aux arts utiles."

Das Restaurant des Herrn Philippe liegt ganz in der Nähe
der Stelle, wo sich einst das Rocher de Cancale befand, aber
auf der entgegengesetzten Seite der Rue Mont Orgueil, und
nimmt auch (wenn man den allgemeinen Verfall der pariser
Kochkunst in Anschlag bringt) ziemlich dieselbe Stelle in der
Schätzung des Kenners ein. Seine Preise sind nicht übertrieben
und eine Gesellschaft von sechs oder sieben Personen kann mit
zwanzig Francs für das Couvert, ausschließlich des Weines, ein
treffliches Mittagsessen erhalten. Dies war der Preis eines Diners, daß im Frühjahr 1850 einiges Aufsehen erregte. Die
Gesellschaft bestand aus Lord Brougham, Alexander Dumas, Graf
d'Orsay, Lord Dufferin, dem Gesandtschafts=Attaché W. Stuart,
Herrn John Dundas und dem Verfasser dieser Schrift. Es wurde
nach einer sorgfältigen Verathung mit dem Grafen d'Orsay von
dem Verfasser bestellt und die Begeisterung und der Eifer, welche
Herr Philipp und seine Leute bei dieser Gelegenheit an den Tag
legten, waren wahrhaft ergötzlich. Die vorzüglichsten Gerichte
waren das Bisque, die fritures Italiennes und das Gigot à la
Bretonne. Aus Artigkeit gegen den Weltruhm des Lord Broug=
ham und des Herrn Alexander Dumas trug Herr Philippe einen
Clos de Vougeot auf, der, wie er betheuerte, nie die Kehle eines
Mannes benetzen sollte, den er nicht achte und verehre. Man er=
klärte den Wein durch Acclamation für den besten seiner Art.

Von den Gerichten, die bei Herrn Philippe am meisten in Mode, sind außer den drei eben genannten besonders noch erwähnenswerth, die Potage à la Bragation und Wachteln désossées et en caisse.

Ein für eine größere Gesellschaft bestimmtes, sorgfältig zusammengestelltes Diner bei den Trois Frères kommt einem ähnlichen Gastmahle bei Herrn Philippe jedenfalls nicht gleich, dagegen ist ein improvisirtes Diner für zwei oder drei Personen in dem gemeinsamen Gastzimmer das Beste, was man von dieser Art in Paris haben kann, wenn es von einem geeigneten Habitué bestellt wird. Die Lieblingsgerichte bei den Trois Frères sind die Bisque, die „potage à la purée de marrons", die „côtelettes à la Provençale, das omelette soufflée à la vanille und das croute aux ananas. Die Weinsorten, die man hier findet, sind sehr geschätzt, besonders der Pichon (ein leichter Tischwein), der Grand Lafitte von 1834 und 1841, der Fleur de Sillery, der Vieur Pommard und der Romanée Gelé.

Das Café de Paris hat in der letzten Zeit an Ruf verloren, aber es bewahrt noch immer einige seiner früheren Verdienste und Vorzüge. Die Zimmer sind hoch; es fehlt hier nicht an frischer Luft, die Aussicht auf die Boulevards ist anziehend und unterhaltend und der Fisch ist gewöhnlich gut. Die Filets de sole à l'Orly sind ein Gericht, das man in diesem Café ganz vorzüglich erhält, und man kann es als entschiedene Thatsache annehmen, daß Herr Véron hier nicht tagtäglich in der Mitte eines bewundernden Kreises speisen würde, wenn nicht noch andere gute Dinge zu haben wären. Das Maison Dorée ist wegen seines „croûte au pot" berühmt. Der Pavillon Henry Quatre in St. Germain, dessen unser Freund in seinem Brief mit Auszeichnung gedacht hat, wird dieses Lob rechtfertigen; seine gebratenen Gründlinge sind vortrefflicher als die im York-Hause in Bath und das Filet de boeuf à la Bernaise ist nirgend anderwärts zu finden. Der beste Champagner, den man hier trinkt, heißt der Wein des Präsidenten, da er wahrscheinlich dieselbe Sorte ist, welche der Präsident bei Satory an die Truppen vertheilen ließ und die zu Bratwurst vielleicht ganz vorzüglich mundet.

Hardy und Riche sind durch ein Wortspiel zu einer bedenklichen Art von Berühmtheit verurtheilt worden. „Pour diner chez Hardy, il faut être riche; et pour diner chez Riche, il faut être hardi." Ersteren hat Moore in seiner „Fudge Family" unsterblich gemacht, worin ein déjeuner à la fourchette „in dem alten Café Hardy", mit seinen Leckerbissen, seinen Lerchenpasteten, seinen Hühnchen und Cotelets, seinem Beaune- und Chambertin-Wein, „Napoleons Lieblingsgetränk"*), seinem Kaffee und parfait-amour, „der wie auf Flaschen gezogener Sammet über die Lippen fließt", eine begeisterte Beschreibung findet.

Aber für ein Frühstück ist Tortoni noch immer der allgemeine Liebling und parfait-amour ist aus der Mode gekommen. Claret für Knaben, Portwein für Männer und Branntwein für Helden, lautete Johnson's Entscheidung und es kann keinem Zweifel unterliegen, daß alter Cognac das wahre „chasse" für die Helden der Gastronomie ist. Wenn sie sich zum Genusse eines Liqueurs oder chasse-café veranlaßt sehen, beschränken sie

---

*) Wir müssen, um Napoleon gerecht zu sein, Moore gegenüber erwähnen, daß in ernstlichen Augenblicken Chambertin keineswegs sein Lieblingsgetränk war. In seinem nach der Schlacht bei Waterloo aufgefangenen Wagen fand man zwei ziemlich geleerte Flaschen, von welchen die eine Malaga, die andere Rum enthalten hatte.

sich gewöhnlich auf Curaçao. Selbst bei den Damen ist parfait-amour trotz der Anziehungskraft seines Namens außer Ruf gekommen; sie haben sich jetzt für Maraschino entschieden und nippen diesen mit so sichtbaren Zeichen von Behagen, daß ein gewisser ausgezeichneter Diplomat, der einst von seiner schönen Nachbarin bei einem kleinen Gastmahle nach einem entsprechenden weiblichen Toast, als Erwiderung auf den ausgebrachten männlichen „Frauen und Wein", gefragt wurde, sich für „**Männer und Maraschino**" entschied, welcher Trinkspruch allgemeinen Beifall fand.

Oberst Damer speiste eines Tages im Jahre 1814 kurz nach der ersten Restauration bei Beauvilliers, als ein russischer Offizier nach Beendigung seiner Mahlzeit den Aufwärter fragte, welcher Liqueur am meisten in der Mode sei. Der Aufwärter antwortete: „La liqueur à la mode, Monsieur? — mais c'est la petit lait d'Henri Quatre." Hier war der Aufwärter der Sieger. Dagegen speiste einst der Verfasser bald nach der Unterdrückung des letzten polnischen Befreiungskampfes in Gesellschaft eines russischen Offiziers im Rocher de Cancale, als der Kellner, der es für passend hielt, seine Begeisterung für die polnische Sache ziemlich laut kundzugeben, von unserem russischen Freunde plötzlich aufgefordert wurde, „un jeune Polonais bien frappé zu bringen.

Wir haben von den wesentlichen Einwirkungen des Ausbruchs der Revolution gesprochen und wollen nun der nicht minder wichtigen Wirkungen gedenken, die der Schluß der Revolution oder eines ihrer großen Abschnitte hervorbrachte und die von dem Verfasser der Physiologie höchst dramatisch dargestellt sind.

„Durch den Vertrag vom November 1815", sagt Herr Brillat-Savarin, „war Frankreich verpflichtet, binnen drei Jahren die

Summe von 50,000,000 Francs zu bezahlen, während Entschädigungsansprüche und Forderungen verschiedener Art fast noch mehr betrugen. Man befürchtete allgemein, daß ein Staatsbankerott nicht ausbleiben könnte, um so mehr, da alles in baarem Gelde bezahlt werden mußte. „Ach", riefen die guten Franzosen, als sie den verhängnißvollen Karren vorüberfahren sahen, der in der Rue Vivien gefüllt werden sollte — „ach unser Geld wandert aus und nächstes Jahr werden wir vor einem Fünffrankstück auf die Kniee fallen; wir sind daran, in den Zustand eines ruinirten Mannes zu gerathen; alle Arten von Speculationen werden fehlschlagen; vom Borgen wird keine Rede mehr sein; es ist nur Hinfälligkeit, Erschöpfung, bürgerlicher Tod zu erwarten." Aber diese Besorgniß war, wie sich ergab, unbegründet und die Zahlungen wurden zum großen Erstaunen aller Finanzmänner mit Leichtigkeit geleistet, der Credit hob sich, und während der ganzen Zeit dieser übermäßigen Abführung war die Austauschbilanz zu Gunsten Frankreichs, woraus sich ergibt, daß mehr Geld ins Land kam, als hinausging. Welche Macht war es, die uns zu Hilfe kam? Welche Gottheit bewirkte dieses Wunder? — Gourmandise. Als die Briten, Teutschen, Mohren und Scythen in Frankreich einbrachen, brachten sie einen riesenhaften Appetit und Magen von nicht ganz gewöhnlichem Kaliber mit. Sie wollten sich mit der offiziellen Bewirthung, welche ihnen von einer erzwungenen Gastfreundschaft geboten ward, nicht lange begnügen, sie strebten nach edleren Genüssen und in kurzer Zeit war die königliche Stadt nicht viel mehr als ein ungeheueres Speisehaus.

„Diese Wirkung dauert fort; noch immer strömen aus allen Theilen Europas Fremde herbei, um im Frieden die angenehmen Gewohnheiten zu erneuern, die sie sich während des Krieges angeeignet; sie müssen nach Paris kommen; wenn sie dort sind, müssen sie essen und trinken, gleichviel was es auch kostet, und wenn unsere Fonds steigen, so geschieht dieß weniger in Folge der höheren Zinsen, welche sie bringen, sondern in Folge des instinctartigen Vertrauens, das man einem Volke, unter welchem sich die Gourmands so glücklich fühlen, schlechterdings zuwenden muß." *)

Hier nur ein einzelnes Beispiel. Als die russische Invasions-Armee durch die Champagne zog, entführte sie den Kellern des Herrn Moet zu Epernay gegen sechs mal hundert tausend Flaschen; aber Herr Moet konnte diesen Verlust recht wohl für einen Gewinn halten, da sich die Bestellungen aus dem Norden seitdem mehr als verdoppelten, obgleich der größte Theil des in Rußland getrunkenen Champagners in der Krimm erzeugt wird. Herrn Moet's Keller verdienen, beiläufig erwähnt, ganz besondere Aufmerksamkeit, und er ist (oder war) stets sehr erfreut, wenn er Reisende begrüßen konnte. Wir selber besuchten ihn im Jahre 1835 und erhielten beim Abschiede eine Flasche vom besten Weine zum Geschenk — ein Gebrauch, der, wie wir hören, in diesem großmüthigen Hause fortwährend aufrecht erhalten worden ist.

Sei die Ursache, welche sie wolle; der Geschmack für französische Kochkunst ist jetzt überall verbreitet und beschränkt sich nicht blos auf die alte Welt, denn unter anderen wichtigen Aufträgen, die Armand de Bremont von Bolivar empfing, war auch der, den besten Koch herüber zu bringen, den er gewinnen könnte. Diejenigen, die mit ähnlichen Aufträgen bedacht werden, würden wohlthun Mercier's „Tableau de Paris" zu Rathe zu ziehen, worin die Köche nach den Provinzen geordnet sind.

---

*) Bd. I. S. 239.

„Die besten," sagt der Verfasser, „sind aus der Picardie; dann kommen die aus Orleans, aus Flandern, Burgund, Comtois und Lorraine; die Pariser sind die vorletzten, die aus der Normandie die allerletzten." Aber es ist nicht genug, sich einen Koch zu wählen, es ist auch jedermanns wesentliche Pflicht und was noch mehr sagen will, jedermanns eigener Vortheil, unverdrossen und unablässig über dessen Gesundheit zu wachen. Die hierauf bezügliche orthodore Lehre hat ihre vollständige Darlegung und Entwickelung in einer sehr sorgfältig ausgearbeiteten Abhandlung gefunden, die „De la santé des cuisiniers" betitelt und der Feder des Herrn Grimaud de la Reynière, des Herausgebers des Almanachs, entsprungen ist:

„L'index d'un bon cuisinier doit cheminer sans cesse des casseroles à sa langue, et ce n'est qu'en dégustant ainsi à chaque minute ces ragoûts qu'il peut en déterminer l'assaisonnement d'une manière precise. Il faut donc que son palais soit d'une délicatesse extrême, et vierge en quelque sorte, pour qu'un rien le stimule et l'avertisse de ces fautes. Mais l'odeur continuelle des fourneaux, la nécessité de boire fréquemment et presque toujours de mauvais vin pour humecter un gosier incendié, la vapeur du charbon, les humeurs et la bile, qui, lorsqu'elles sont en mouvement, dénaturent nos facultés, tout concourt chez un cuisinier à altérer promptement les organes de la dégustation. Le palais s'encroûte en quelque sorte; il n'a plus ni ce tact, ni cette finesse, ni cette exquise sensibilité d'où depend la susceptibilité de l'organe du goût; il finit par s'excorier, et par devenir aussi insensible que la conscience d'un vieux juge. Le seul moyen de lui rendre cette fleur qu'il à perdue, de lui faire reprendre sa souplesse, sa delicatesse, et ces forces, c'est de purger le cuisinier, telle résistance, qu'il y oppose; car il en est, qui, sourds à la voix de la gloire, n'apperçoivent point la nécessité de prendre médicine lorsqu'ils ne se sentent pas malades."

Der verstorbene Marquis von Hertford hatte einen Koch, der nach seines Herrn Meinung in einem Suprême unübertrefflich war. Eines Tages speiste der Marquis bei einem vertrauten Freunde, einem ausgezeichneten Staatsmanne, der diese Vorzüglichkeit häufig bestritten hatte, und erklärte das Suprême, welches zu kosten er nur mit Mühe zu bewegen war, für ganz abscheulich. „Nun habe ich Sie," rief der Staatsmann, „dieses Gericht hat Ihr eigener Koch bereitet, der sich in diesem Augenblicke in meinem Hause befindet." — „Dann weiß ich nichts weiter zu sagen," antwortete der Marquis, „als daß Sie wahrscheinlich Bier mit ihm getrunken und dadurch seinen Geschmack verdorben haben."

Wir sind nun bei der Literatur der Kunst angelangt. Der „Almanach des Gourmands" war der erste ernstliche und dauernde Versuch, der Gastronomie das Ansehen einer geistigen edleren Bestrebung zu geben. Aber die vollständigste Abhandlung über die Tafel=Aesthetik wie man es nennen könnte, ist unstreitig die berühmte „Physiologie du Goût" und es dürfte eine kurze Biographie des Verfassers, als Einleitung zu einigen Auszügen aus dem Buche, nicht ganz unwillkommen sein.

Anthelme Brillat=Savarin, Richter des Cassationshofes, Mitglied der Ehrenlegion und der meisten wissenschaftlichen und literarischen Gesellschaften Frankreichs, wurde im Jahr 1755 zu Belley geboren. Er erwählte den Beruf seines Vaters und wirkte eine Zeit lang mit Auszeichnung als Sachwalter bis er (im Jahre 1789) zum Mitglied der gesetzgebenden Versammlung erwählt wurde, in welcher er sich der gemäßigten Partei anschloß und

sein Bestes that das entstehende Verderben abzuwenden.
Nach Erledigung seiner Pflichten als Mitglied dieser Versamm=
lung wurde er zum Präsidenten des Civil=Tribunals des De=
partements L'Ain ernannt und nachdem der Cassationshof
entstanden war, diesem als Richter beigegeben. Während der
Schreckensherrschaft befand er sich unter den Geächteten und ent=
floh in die Schweiz, wo er sich die Zeit mit wissenschaftlichen,
literarischen und gastronomischen Beschäftigungen vertrieb. Später
sah er sich genöthigt, nach Amerika auszuwandern, wo seine
Aufmerksamkeit ebenfalls vorzugsweise dem Studium zugewendet
gewesen zu sein scheint, in welchem er sich unsterblich machen
sollte. Es wird von ihm erzählt, daß er einst auf einem Jagd=
ausfluge, auf welchem er das Glück gehabt hatte, einen wilden
Truthahn zu erlegen, mit Jefferson in ein Gespräch gerieth, der
ihm mehre anziehende Anekdoten von Washington und dem
Kriege erzählte, plötzlich aber innehielt und sich entfernen wollte,
als er Herrn Brillat=Saverin's zerstreute Miene bemerkte. „Ich
bitte tausendmal um Verzeihung, mein werther Herr," sprach
unser Gastronom mit kräftigem Entschluß sich sammelnd, „ich
dachte eben darüber nach, wie ich meinen wilden Truthahn bereiten
würde." Er gewann seinen Lebensunterhalt als Lehrer der fran=
zösischen Sprache und der Musik, in welcher Kunst er Meister
war. Im Jahr 1796 kehrte er nach Frankreich zurück und
wurde, nachdem er unter dem Directorium mehre Vertrauens=
ämter verwaltet hatte, später wieder Richter des Cassationshofes,
welches Amt er bis zu seinem Tode im Jahre 1826 bekleidete.
Die „Physiologie du Goût" erschien im Jahre 1825 und er=
lebte schnell hinter einander — belgische Nachdrücke abgerechnet
— fünf bis sechs Auflagen. Der Reiz dieses Werkes liegt in
dem darin enthaltenen Gemisch von Witz, Humor, Gelehrsam=

keit und Weltkenntniß, in seinen Bonmots, Anekdoten, geistreichen Theorien und belehrenden Abhandlungen, und wenn behauptet worden ist, daß Walton's „Angler" viele Tausende zu Fischern gemacht habe, so würde es uns nicht überraschen, wenn wir erführen, daß die „Physiologie des Geschmacks" einen großen Theil des lesenden Publicums zu Gastronomen gemacht habe.

Das Buch besteht aus einer Sammlung von Aphorismen, einem Zwiegespräche zwischen dem Verfasser und einem Freunde über die Räthlichkeit der Veröffentlichung, einer kurzen Biographie des Freundes, aus dreißig „Betrachtungen" und einem Schlußabschnitt, Abenteuer, Erfindungen und Anekdoten enthaltend. Die Betrachtungen — die Stelle der Kapitel vertretend — bilden den Haupttheil des Werkes und die Gegenstände die sie behandeln, sind folgende: 1) Die Sinne, 2) der Geschmack, 3) Gastronomie, Begriffsbestimmung, Ursprung, Gebrauch, 4) der Appetit, mit Erläuterungen seiner Fähigkeit, 5) Eßbare Stoffe im Allgemeinen, 6) Einzelheiten, mit Einschluß von Wild, Fischen, Truthühnern, Trüffeln, Zucker, Kaffee, Chocolate u. s. w. u. s. w., 7) das Braten, seine Theorie; 8) Durst; 9) Getränke; 10) Episode über das Ende der Welt; 11) Gourmandise, ihre Macht und ihre Folgen, besonders in Bezug auf eheliches Glück; 12) Gourmands, aus Vorherbestimmung, durch Erziehung, Beruf u. s. w.; 13) éprouvettes gastronomiques; 14) über die Freuden der Tafel; 15) die Haltpunkte im Genusse, 16) Verdauung; 17) Ruhe, 18) Schlaf; 19) Träume; 20) der Einfluß der Diät auf Ruhe, Schlaf und Träume; 21) Fettleibigkeit; 22) Verhütung oder Heilung der Fettleibigkeit; 23) Magerkeit; 24) Fasten; 25) Erschöpfung; 26) Tod; 27) philo=

sophische Geschichte der Küche; 28) Restaurateurs; 29) klassische Gastronomie, 30) Gastronomische Mythologie.

Das ist der Inhalt des Buches. Unter einer solchen Sammlung von Leckereien ist schwer auswählen und wir geben folgende Betrachtungen über die Freuden der Tafel in der Hoffnung, daß sie dazu beitragen werden, einen Theil jenes gewöhnlichen Vorurtheils gegen Gourmands zu zerstreuen, deren hoher Beruf von befangenen unaufgeklärten Leuten nur zu häufig mit Schwelgerei und Gefräßigkeit in eine Klasse gestellt wird.

„Den Genuß des Essens haben wir mit den Thieren gemein; er setzt bloß Hunger und die zu seiner Befriedigung nöthigen Mittel voraus. Die Freuden der Tafel sind dagegen dem Menschengeschlecht ausschließend eigenthümlich. Sie erfordern eine vorausgehende Aufmerksamkeit auf die Zubereitung des Mahles, auf die Wahl des Ortes und auf die Versammlung der Gäste; der Genuß des Essens erfordert wenn nicht Hunger, so doch wenigstens Appetit — die Freuden der Tafel sind häufig von beiden Erfordernissen unabhängig.

„Einige Dichter haben darüber geklagt, daß der Hals in Folge seiner Kürze die Dauer des mit dem Kosten verbundenen Genusses beeinträchtige; andere klagten über die beschränkte Räumlichkeit des Magens und römische Prälaten thaten alles Mögliche um ihm die Mühe der Verdauung der ersten Mahlzeit zu ersparen, damit sie sich dem Genusse einer zweiten überlassen konnten . . . . Die Feinheit unserer Sitten würde einen solchen Brauch nicht dulden, aber wir sind mit Mitteln, die der gute Geschmack anerkannt hat, zu demselben Ziele gelangt. Man hat Gerichte erfunden, die so anziehend sind, daß sie fortwährend den Appetit erneuern, aber gleichzeitig auch so leicht sind, daß sie nur dem Gaumen schmeicheln, ohne den Magen zu beschweren. Seneca würde sie „Nubes Esculentas" genannt haben. Wir sind in der That zu einem solchen Grade von Speisefortschritt gelangt, daß wenn uns nicht der Ruf der Geschäfte nöthigte, uns von der Tafel zu erheben, oder wenn nicht das Bedürfniß des Schlafes dazwischen käme, die Dauer der Mahlzeiten fast ins Unendliche hinausgezogen werden dürfte und der Zeitraum sich kaum bestimmen lassen würde, der zwischen dem ersten Glase Madeira und dem letzten Glase Punsch verstreichen könnte."

Es dürfte nicht außerhalb unseres Zweckes liegen, hier zu erwähnen, daß Brillat=Savarin ein nüchterner, mäßiger und leicht zu befriedigender Mann war und dieß zwar in so hohem Grade, daß hierdurch viele zu der Vermuthung veranlaßt worden sind, sein Enthusiasmus sei erkünstelt gewesen, und er habe sein Buch nur zum Scherz geschrieben, um sich seine müßigen Stunden zu vertreiben. Der Verfasser der vorliegenden Schrift ist häufig ähnlichen herabsetzenden Bemerkungen ausgesetzt gewesen, aber es ist ihm gelungen, gegen solche Verleumdung sich zu halten.

Eine Anekdote, die Talleyrand dem Oberst Damer erzählte, wird dazu dienen, Brillat=Savarins guten Namen von dem Vorwurfe der Gleichgültigkeit zu reinigen und zugleich die erbliche Eigenthümlichkeit des Geschmacks darthun. Brillat=Savarin befand sich auf dem Wege nach Lyon und beschloß in Sens zu speisen. Bei seiner Ankunft ließ er, wie es jederzeit sein Brauch war, den Koch rufen und fragte ihn, was er bekommen könnte? Die Antwort war entmuthigend. „Wenig genug," lautete sie. „Aber wir wollen sehen," entgegnete Savarin, „wir wollen in die Küche gehen und die Sache besprechen." In der Küche machte er die Entdeckung, daß vier Truthähne gebraten wurden.

„Ei seht an," — rief er, — „Ihr sagtet, Ihr hättet nichts im Hause; laßt mich einen von diesen Truthähnen haben." „Unmöglich," antwortete der Koch, „die sind sämmtlich von einem Herrn bestellt worden, der oben wohnt." „Der muß eine große Gesellschaft zu erwarten haben." „O nein, er speist allein." „Ich würde mich freuen, den Mann kennen zu lernen, der für sich allein vier Truthähne bestellt." Der Koch war überzeugt, daß es dem Herrn Vergnügen machen würde, ihn kennen zu lernen; Brillat-Savarin machte den Fremden sogleich seinen Besuch und fand zu seinem nicht geringen Erstaunen, daß es sein eigner Sohn war. „Wie, Du Schelm, vier Truthähne für Dich allein?" „So ist es, Herr Papa; Sie wissen, daß wenn ich bei Ihnen speise, Sie die ganzen les-sots-les-laissent *) allein aufessen. Ich hatte mir daher vorgenommen, mir einmal in meinem Leben eine Güte zu thun und hier bin ich nun, bereit den Anfang zu machen, obgleich ich die Ehre Ihrer Gesellschaft nicht erwartet habe."

Man wird es für keine unverzeihliche Abschweifung halten, wenn hier eingefügt wird, daß der verstorbene Lord Alvanley sein „suprême de volaille" aus den Austern oder les-sots-les-laissent des Geflügels statt aus Brustlende bereiten ließ und daß daher zu einem sehr mäßigen Gericht immer gegen zwanzig Stück Geflügel nöthig waren. Derselbe ausgezeichnete Epikuräer, der zugleich einer der drei oder vier angenehmsten Gesellschafter und witzigsten Männer war, meinte, daß Rebhühner nur im Julius des Essens werth wären, und wurde während dieses Monates von seinen Besitzungen aus regelmäßig damit versorgt.

---

*) Den Leckerbissen, den man die Auster des Truthahns oder des Geflügels nennt.

Aber setzen wir jetzt unsere Auszüge fort:

„Doch der ungeduldige Leser wird wahrscheinlich fragen, wie denn nun eine Mahlzeit anzuordnen sei, um alle zu den höchsten Tafelfreuden erforderlichen Dinge zu vereinigen? Ich will diese Frage beantworten:

1. Sei man darauf bedacht, daß die Zahl der Gesellschaft nicht über zwölf hinausgehe, damit die Unterhaltung immer eine allgemeine bleibe.

2. Die Personen, welche die Gesellschaft bilden, müssen womöglich verschiedenen Berufen angehören, aber gleichen Geschmack haben und einander so weit bekannt sein, daß die lästige Förmlichkeit einer Vorstellung nicht erforderlich ist.

3. Das Speisezimmer muß glänzend erleuchtet, das Tafelzeug makellos reinlich sein und die Temperatur darf nicht über dreizehn bis sechzehn Grad Réaumur betragen.

4. Die Männer müssen geistreich, aber ohne Pretension, die Frauen anmuthig aber nicht allzu kokett sein.

5. Man gebe sorgfältig ausgewählte aber nicht zu viele Gerichte und nur Wein von den besten Sorten.

6. Hinsichtlich der Reihenfolge der Gerichte beginne man mit den nahrhaftesten und endige mit den leichtesten, und hinsichtlich des Weines beginne man mit dem leichtesten und gebe allmälig zu dem feinsten über.

7. Man lasse vollauf Zeit zum Verzehren, denn die Mahlzeit ist das letzte Geschäft des Tages und es ist gut, wenn sich die Gäste für Reisende halten, die alle denselben Bestimmungsort erreichen.

8. Der Kaffee sei heiß und der Liqueur von dem Wirthe ausgesucht.

9. Der Salon muß groß genug sein, daß diejenigen, die

darnach verlangen, Karte spielen können, ohne daß dadurch der Raum für nachmittägige Gespräche und Unterhaltungen abgeschnitten wird.

10. Die Gesellschaft muß durch die Reize der geselligen Unterhaltung gefesselt und von der Hoffnung beseelt werden, daß der Abend noch anderweitige Genüsse bringen werde.

11. Der Thee sei nicht zu stark; das geröstete Brod muß regelrecht mit Butter bestrichen, und der Punsch sorgfältig zubereitet sein.

12. Man lasse das Auseinandergehen der Gesellschaft vor elf Uhr nicht beginnen, aber um zwölf Uhr lasse man jeden zu Bette sein.

„Wenn jemand einer Gesellschaft beigewohnt hat, die diese zwölf Erfordernisse in sich vereinigt, dann kann man sich rühmen, seiner eigenen Apotheose beigewohnt zu haben" *).

Brillat-Savarin hat hier ein sehr wichtiges Erforderniß ausgelassen, das wir aus einem anderen Abschnitte seines Buches recht gut einschalten können.

„Aphorismen. — Von allen Eigenschaften eines Koches ist die unerläßlichste: Pünktlichkeit."

„Ich werde, um diesen wichtigen Grundsatz zu beweisen, die Einzelheiten meiner Beobachtungen mittheilen, welche ich in einer Gesellschaft anstellte, in deren Mitte ich mich einst befand und wo mich der Genuß des Beobachters vor dem bittersten Elend bewahrte."

„Ich war eines Tages bei einem hochgestellten Staatsbeamten (Cambacérès) zum Diner eingeladen, und um halb sechs Uhr, der bestimmten Zeit, hatte sich bereits die ganze Gesell=

---

*) Bd. I. S. 297—302.

schaft versammelt, denn es war bekannt, daß der Wirth Pünktlichkeit liebte und den Säumigen zuweilen ausschalt. Mich überraschte bei meinem Eintritte eine gewisse Verlegenheit, die in den Zügen der versammelten Gäste sich ausprägte; sie sprachen heimlich mit einander, schauten in den Hof hinab und in einigen Gesichtern zeigte sich der Ausdruck der Bestürzung; es war offenbar etwas Außerordentliches vorgefallen. Ich näherte mich einem der Gäste, von welchem ich voraussetzen konnte, daß er meine Neugier würde befriedigen können und fragte, was sich ereignet hätte. „Ach," erwiderte er mit dem Tone der tiefsten Bekümmerniß — „Monseigneur ist in den Staatsrath berufen worden; er ist eben weggefahren und wer weiß, wann er wiederkommt!" „Ist das Alles?" antwortete ich mit einer Gleichgültigkeit, die meinem Herzen fremd war. „Das ist höchstens eine Sache von einer Viertelstunde, man wird höchstens eine Auskunft zu fordern haben; es ist bekannt, daß hier heute ein offizielles Diner stattfindet — man kann keinen Grund haben, uns fasten zu lassen." So sprach ich, aber innerlich war ich nicht ohne Unruhe und ich wäre gern irgend anderwärts gewesen. Die erste Stunde verstrich ganz leidlich: die Gäste, die gemeinsame Interessen hatten, setzten sich zusammen, erschöpften die Tagesneuigkeiten und ergingen sich in Vermuthungen über die Ursache, die unsern theueren Amphitrion in die Tuilerien entführt hatte. In der zweiten Stunde wurden allmälig Zeichen der Ungeduld bemerkbar; wir wechselten argwöhnische, mißtrauische Blicke und drei oder vier von der Gesellschaft, die keinen Platz zum Sitzen gefunden hatten und sich in einer zum Warten keineswegs behaglichen Lage befanden, waren die ersten die zu murren begannen. In der dritten Stunde wurde die Unzufriedenheit allgemein und es klagten alle. „Wann wird er zurückkommen?" fragte einer. "Was mag er denken?" sprach ein zweiter. "Das ist genug, einem den Tod zu bereiten," äußerte ein Dritter. In der vierten Stunde hatten sich alle Symptome dieser Art verschlimmert und ich fand kein Gehör mehr, als ich zu bemerken wagte, daß derjenige, dessen Abwesenheit uns so unglücklich mache, jedenfalls der Unglücklichste von allen wäre. Auf einen Augenblick wurde die Aufmerksamkeit durch eine Erscheinung gefesselt. Einer von den Gästen, der in dem Hause besser bekannt war als die Uebrigen, war in die Küche eingedrungen und kehrte ganz bestürzt zurück; sein Angesicht verkündete das Ende der Welt und er rief mit einer kaum vernehmlichen Stimme und in jenem erstickten Tone, der zu gleicher Zeit die Besorgniß Geräusch zu machen und den Wunsch, gehört zu werden, ausdrückt: "Monseigneur hat sich entfernt ohne Befehle zurückgelassen zu haben und so lange er auch ausbleibt, die Tafel wird nicht eher angerichtet werden als bis er zurückkommt." Er sprach und die Bestürzung, die seine Worte hervorbrachten, wird durch die Wirkung der Posaunen am Tage des jüngsten Gerichtes nicht übertroffen werden. Unter all diesen Märtyrern war der in ganz Paris bekannte gute D'Aigrefeuille *), der unglücklichste; sein ganzer Körper befand sich in krampfhafter Aufregung und in seinem Gesichte war der Kampf des Laokoon ausgeprägt. Bleich und verstört sank er in einen reichen Stuhl und schloß, seine kleinen Hände über seinen ungeheueren Bauch legend, seine Augen, nicht um zu schlafen, sondern um das Nahen des Todes zu erwarten. Aber der Tod kam nicht. Gegen zehn Uhr rollte ein Wagen in den Hof; die ganze Gesellschaft sprang empor; der Niedergeschlagenheit

---

*) Cambacérès Freund und erster gastronomischer Adjutant.

folgte Fröhlichkeit und in fünf Minuten saßen wir bei Tische. Aber auch die Stunde des Appetits war vorüber; man bemerkte überall Zeichen des Erstaunens über den so späten Anfang eines Mittagsessens; die Kinnbacken hatten nicht jene isochronische Bewegung, die ein regelmäßiges Werk verkündet und ich weiß, daß viele Gäste durch diese Verzögerung ernstlich belästigt wurden" *).

Auf Seite der Gäste sollte Pünktlichkeit ebenfalls für eine unumgängliche Nothwendigkeit erachtet werden, und man kann deren Vernachlässigung in den meisten Fällen für Ziererei oder langgepflegte Selbstsucht halten. Ehe er sich auch nur den geringsten Zwang auferlegt, versetzt derjenige, der diese Regel übertritt, lieber eine ganze Gesellschaft in Unbehaglichkeit. Es ist keine Antwort, wenn man sagt, daß sie sich ohne ihn zu Tische setzen können, denn eine sorgfältig gewählte Gesellschaft kann durch eine Lücke gestört werden, und die späte Ankunft eines Gastes verursacht Unmuth und Störung ganz im Verhältniß zu der Sorgfalt, die man auf die vorbereitenden Anordnungen verwendet hat. Lady Morgan erzählt in einem ihrer früheren Werke von einem jungen Manne, der nie, außer an seiner eigenen Tafel, Suppe oder Fisch zu sehen bekam, eine Bemerkung, die man auf einen ehemaligen Staatssecretair bezog, und Lord Dudley pflegte zu sagen, daß die unpünktlichsten Leute, die ihm in seinem Leben vorgekommen, zwei ausgezeichnete Brüder gewesen seien — von welchen der noch lebende Pair ist — denn, fügte der edle Lord hinzu, wenn man Robert für Mittwoch um sieben Uhr einlud, so kam Karl Donnerstag um acht Uhr.

Man erzählt sich von einem ausgezeichneten Pair, daß er

---

*) Erster Band S. 93—96.

einst im Angesicht der zu einem Diner in seinem Speisezimmer versammelten Gäste, sein Pferd bestiegen, um seinen Nachmittagsritt zu machen. Die Wahrheit dieser Anekdote dürfte jedoch keineswegs verbürgt sein, denn der Lord ist einer der großmüthigsten und treuesten Beschützer der Küchenkunst und würde gewiß nie den Ruf seines Küchenherrn durch eine solche unverantwortliche Verletzung der wesentlichsten Pflicht eines Tafelgebers aufs Spiel gesetzt haben, wenn ihn auch die Gesundheit und das Behagen seiner Gäste vielleicht nur wenig am Herzen gelegen hätte. Der große Carème war eine Zeit lang in seinen Diensten und der Lord gab einst einen glänzenden Beweis von seinem patriotischen Wunsche, sein eigenes Vaterland zum Hauptsitze der gastronomischen Verfeinerung zu machen. Er speiste einst, so erzählt man, bei Baron Rothschild in Paris und war von der vortrefflichen Zusammensetzung und Zubereitung des Diners so sehr bezaubert, daß er am nächsten Tage dem „Maitre de Hotel", dem Chef und Zuckerbäcker des Barons durch einen vertrauten Unterhändler sagen ließ, daß für sie Stellen mit erhöhtem Gehalte offen stünden, wenn sie ihr jüdisches Dienstverhältniß mit einem Dienste bei einem christlichen Edelmann vertauschen wollten. Sie sollen das Anerbieten mit einigen unwilligen Bemerkungen abgelehnt haben, und man kann nicht läugnen, daß der Vorschlag etwas von jenem Geiste an sich trägt, mit welchem christliche Edelleute in alter Zeit jüdischen Geldmännern entgegentraten, denn man könnte lieber gleich einem die Zähne ausreißen als ihn der Mittel berauben, sie nach seinem gewohnten Geschmacke zu beschäftigen.

Die Betrachtung, die den Titel „Gourmandise" führt, ist sehr reich an belehrenden Bemerkungen, aber wir müssen uns auf denjenigen Theil derselben beschränken, der sich auf die Frauen bezieht, von welchen es einige, seitdem Lord Byron*) seine abgeschmackten Vorurtheile über diesen Gegenstand veröffentlicht hat, für das Beste und Schicklichste halten, eine vollkommene Gleichgültigkeit gegen das, was sie essen, an den Tag zu legen. Mögen sie hören, was der erfahrene Lehrer darüber sagt:

„Gourmandise ist für Frauen keineswegs ungeziemend; sie harmonirt mit der Zartheit ihrer Organe und dient dazu, ihnen für einige Freuden und Genüsse, deren sie sich enthalten müssen, und für einige Uebel, zu welchen die Natur sie verdammt zu haben scheint, Ersatz zu bieten. Nichts ist anmuthiger, als eine schöne Gourmande unter Waffen zu sehen; ihre Serviette ist zierlich angelegt; eine ihrer Hände ruht auf dem Tische und die andere führt kleine zierlich geschnittene Bissen oder den Flügel eines Rebhuhns, der abgenagt werden muß, zum Munde; ihre Augen funkeln, ihre Lippen glänzen, ihre Unterhaltung ist angenehm, jede ihrer Bewegungen anmuthig; es fehlt ihr nicht jene Würze von Koketterie, welche die Frauen allem beimischen, was sie thun. Mit so vielen Vorzügen ausgestattet, ist sie unwiderstehlich und selbst Cato der Censor würde diesem Einflusse sich fügen.

„Die Neigung des schönen Geschlechts zur Gourmandise hat etwas Instinktartiges an sich, denn Gourmandise ist der Schönheit zuträglich. Eine lange Reihe von sorgfältigen und strengen Beobachtungen hat bewiesen, daß eine saftige gute und sorgsame Diät die äußeren Merkmale des Alters auf längere Zeit fern hält. Sie gibt dem Auge einen helleren Glanz, der Haut eine größere Frische, den Muskeln eine größere Spannkraft, und da

---

*) Göthe spricht in Wilhelm Meister ebenfalls sein Mißfallen über den Anblick essender Frauen aus.

es als physiologisch erwiesen ist, daß es das Einfallen oder die Entkräftung der Muskeln ist, welche Runzeln, jene furchtbaren Feinde der Schönheit erzeugt, so ist es eben so gewiß, daß, caeteris paribus, diejenigen, welche zu essen verstehen, verhältnißmäßig um zehn Jahre jünger sind als diejenigen, welchen diese Wissenschaft fremd ist. Die Maler und Bildhauer sind von dieser Wahrheit innig durchdrungen, denn sie stellen diejenigen, welche durch Wahl oder Pflicht Enthaltsamkeit üben, wie Geizhälse oder Einsiedler, nie anders dar als mit der bleichen Farbe der Krankheit, mit der Magerkeit der Armuth und den Runzeln der Hinfälligkeit.

„Ferner hat die Gourmandise, sobald man sich ihrer befleißigt, einen wesentlichen Einfluß auf das Glück des Ehelebens. Ein Paar, das mit diesem Sinn für Geschmack begabt ist, hat täglich wenigstens einmal eine angenehme Gelegenheit zur Zusammenkunft. Die Musik hat ohne Zweifel für diejenigen, die sie lieben, eine mächtige Anziehungskraft; aber man muß daran gehen; sie ist eine Anstrengung. Ueberdieß kann jemand den Schnupfen haben, die Musik ist nicht bei der Hand; das Instrument ist verstimmt; man ist niedergeschlagen oder es ist ein Ruhetag. In der Gourmandise wird dagegen das Paar von einem gemeinsamen Bedürfniß an die Tafel geführt; eine gleiche Neigung hält sie hier gefesselt; sie beweisen einander natürlicher Weise jene kleinen Aufmerksamkeiten, welche den Wunsch, zu verbinden, an den Tag legen und die Art, mit welcher man zu speisen pflegt, überträgt sich wesentlich auf das ganze Lebensglück. Diese Beobachtung, so neu sie in Frankreich auch sein möge, ist dem englischen Novellisten nicht entgangen und er hat sie in seinem Roman „Pamela," indem er die verschiedene Art, in welcher zwei Eheleute ihren Tag beschließen, schildert, umständlich entwickelt *)."

Erwägt man demnach, welche hohe Vorzüge mit dem Charakter eines Gourmands verbunden sind, so wird sich niemand wundern, wenn es sich zeigt, daß sich dieser Charakter nicht nach Belieben annehmen läßt. Die nächste Betrachtung führt die Ueberschrift: „N'est pas Gourmand qui veut" und beginnt folgendermaßen:

„Es gibt Menschen, welchen die Natur eine Veredlung der Organe oder eine Stätigkeit der Aufmerksamkeit versagt hat, ohne welche die saftvollsten Gerichte unbeachtet vorüber gehen. Die Physiologie hat die erste dieser Abart bereits anerkannt, indem sie uns nachweist, daß die Zunge dieser Unglücklichen mit Nerven versehen ist, welche zur Wahrnehmung oder Würdigung eines Geschmackes wenig oder gar nicht geeignet sind. Letzterer erzeugt bei ihnen nur ein dumpfes Gefühl; und Leute dieser Art sind in Bezug auf Geschmacksangelegenheiten ganz dasselbe, was Blinde in Bezug auf das Licht sind. Die zweite Abtheilung besteht aus Distraits, Schwätzern, eifrigen Geschäftsleuten, Ehrgeizigen und anderen, die sich mit zwei Gegenständen zu gleicher Zeit zu beschäftigen suchen und nur essen, um den Magen zu füllen. Zu diesen gehörte zum Beispiel Napoleon; er war unregelmäßig in seinen Mahlzeiten und aß schnell und schlecht, aber auch in dieser Beziehung gab sich jener absolute Wille kund, den er in allem, was er that, an den Tag legte. In dem Augenblicke, wo der Appetit sich regte, mußte er befriedigt werden und seine Küche war so eingerichtet, daß sie an allen Orten und

---

*) Physiologie du Gout. I., S. 244—251.

zu allen Stunden Hühner, Coteletts und Kaffee augenblicklich bieten konnte, sobald es befohlen wurde."

Die Gewohnheit, schnell und unbedachtsam zu essen, hat den Kaiser Napoleon, wie man vermuthet, in zweien der entscheidendsten Augenblicke seines Lebens — in den Schlachten bei Borodino und bei Leipzig wesentlich benachtheiligt. Es ist bekannt, daß er bei beiden Gelegenheiten an Anfällen von Unverdaulichkeit litt. Auch am dritten Tage nach der Schlacht bei Dresden wurde des Kaisers Thatkraft (wie der Novellist Hoffmann erzählt) in Folge des Genusses einer mit Zwiebeln gefüllten Schöpsbrust bedeutend beeinträchtigt.

Es unterliegt keinem Zweifel, daß Napoleon's Unregelmäßigkeit hinsichtlich seiner Mahlzeiten, seine Gesundheit untergrub und sein Leben verkürzte. Die allgemeine Vorschrift für seinen Haushalt war, daß zu jeder Stunde, bei Nacht und bei Tage, Coteletts und gebratene Hühner bereit sein mußten, und diese Vorschrift wurde von seinem Haushofmeister Dunand, der ein berühmter Koch gewesen war, buchstäblich erfüllt. Letzterer wußte den Launen seines kaiserlichen Herrn gegenüber seine Würde zu behaupten und war hierdurch in kritischen Augenblicken, wo eine nur kurze Verlängerung leidenschaftlicher Aufregung eine Provinz oder einen Thron hätte kosten können, manchmal von wesentlichem Nutzen. So kam einst Napoleon, nachdem hier und da einiges mißlungen war, in der übelsten Laune und mißvergnügtesten Stimmung aus dem Staatsrathe. Es wurde ein aus seinen Leibgerichten bestehendes dejeuner à la fourchette aufgetragen und Napoleon, der seit Tagesanbruch gefastet hatte, setzte sich nieder. Aber er hatte kaum einen Bissen verschluckt, als

*) Bd. I., S. 252.

plötzlich offenbar ein ungelegener Gedanke oder eine unangenehme Erinnerung sein Inneres in neue und noch größere Aufregung versetzte; ohne aufzustehen, seinen Stuhl zurückschiebend, erhob er seinen Fuß — und die Tafel stürzte mit dem Frühstück klirrend zu Boden; dann stand er auf und ging mit schnellen unruhigen Schritten, welche den heftigsten Zorn verriethen, durch das Zimmer. Dunand verzog keine Miene und ertheilte seinen Untergebenen ruhig die nöthigen Befehle. Die Trümmer waren blitzschnell hinweggeräumt, und im nächsten Augenblicke erschien wie auf einen Zauberspruch ein vollständiges Duplicat des Frühstückes, dessen Dasein ruhig mit der gewöhnlichen Redensart: „Sa Majesté est servie" angemeldet wurde. Napoleon fühlte die Zartheit und den Tact einer solchen Art von Dienstleistung. „Merci bien, mon cher Dunand," sprach er und das ihm eigenthümliche unnachahmliche Lächeln bewies, daß der Sturm sich gelegt hatte. Ob Napoleon vor seinem Kammerdiener ein Held gewesen sei, wagen wir nicht zu entscheiden, aber er war unstreitig ein Held vor seinem Haushofmeister.

Ein beschäftigter Mann, der seine Gesundheit liebt und seine physischen und geistigen Kräfte ungeschwächt erhalten will, sollte sorgfältig darauf bedacht sein, Geschäfte und aufregende Gesprächsgegenstände aller Art zu vermeiden, während seine Verdauungswerkzeuge in Thätigkeit sind. Als Suffrein die Franzosen im Orient befehligte, erschien eines Tages eine Deputation der Eingebornen, die gerade in dem Augenblicke, als er bei Tische saß, Gehör verlangte. Er schickte einen Adjutanten ab und ließ den Leuten sagen, daß es ein Gesetz der christlichen Religion sei, welches zu übertreten ihn keine irdische Rücksicht veranlassen könnte, während der Essenszeit nie irgend ein Geschäft zu verrichten — und die Deputation entfernte sich voll hoher Bewunderung über die Fröm-

migkeit des Befehlshabers. Allein zu speisen ist weder gesund
noch angenehm. Auf die einsamen Esser sind Goldsmith's Worte
anwendbar:

> „Sie wissen im Genuß von Sinnesfreuden
> Nicht träge Pausen sinnreich auszufüllen."

Da ist es in der That besser, weit besser zur Klasse derjenigen
zu gehören, die Byron beschreibt, und unter welcher sich manch=
mal doch ein Kenner befinden kann:

> „Die weniger an gutes Essen denken,
> Und mehr dem Flüstern süßer Lippen lauschen."

Aber was ein verstorbener geistlicher Witzbold „Blitzstrahlen
des Schweigens" nennt, kann wohl vorkommen. Wir speisten
einst mit dem Verfasser von „Vanity Fair" im Rocher, als ein
„Matelotte" von überraschender Vortrefflichkeit aufgetragen wurde.
„Mein lieber Freund," rief der ausgezeichnete Moralist, „wir
wollen nicht ein Wort sprechen, bis wir dieses Gericht verzehrt
haben." Er ist als Tafelgeber eben so vortrefflich, wie als Gast
und schmeichelt sich die Entdeckung gemacht zu haben, daß eine
leichte Einmischung von Krebsen eine wesentliche Verbesserung
des „Curry's" sei. Dieß erinnert uns an eine Anekdote, die von
einem verstorbenen irländischen Edelmann erzählt wird, der sein
bedeutendes Vermögen (wie er sagte) der Sache seines Vater=
landes geopfert hatte. Als er im Sterben lag, rief er seinen
Erben an sein Bett und sagte ihm, daß er ihm ein Geheimniß
mitzutheilen hätte, das für den zerrütteten Zustand des Familien=
Eigenthums vielleicht einigen Ersatz bieten könnte. Das Ge=
heimniß war, daß Krabbensauce besser sei als Hummernsauce.

Die von der Fürsehung zur Gourmandise bestimmten Wesen
werden von Brillat=Savarin folgendermaßen beschrieben:

> „Sie haben breite Gesichter, funkelnde Augen, kleine Stirnen,

kurze Nasen, volle Lippen und runde Kinne. Die weiblichen sind fleischig, mehr hübsch als schön und haben einige Neigung zum Embonpoint. Unter dieser äußeren Erscheinung findet man die angenehmsten Gäste; sie nehmen alles an, was ihnen geboten wird, essen langsam und kosten mit Ueberlegung und Bedacht; sie eilen nie von dem Orte hinweg, wo sie gut bewirthet worden sind, und man kann sich auf ihre Gesellschaft für den Abend verlassen, weil sie Spiele, Zeitvertreibe kennen, die den gewöhnlichen Anhang gastronomischer Zusammenkünfte bilden.

„Diejenigen hingegen, welchen die Natur die Fähigkeit, der Freuden des Geschmackes sich zu freuen, versagt hat, haben lange Gesichter, lange Nasen und große Augen; von welcher Art ihre Größe auch sein mag, sie haben in ihrer Tournure immer den Charakter der Ausdehnung oder Verlängerung. Sie haben schwarzes und straffes Haar und keine Spur von Embonpoint — sie sind es, die die Pumphosen erfunden haben. Die Frauen, welche die Natur zu diesem Mißgeschick verurtheilt hat, sind eckig, langweilen sich bei Tafel und leben von Thee und Klatsch." (Bd. I. S. 254.)

Von den vielen vorgeschlagenen Mitteln, diese Theorie zu beweisen, geben wir nur eines — die scharfsinnige Anwendung von „Eprouvettes": —

„Wir verstehen unter éprouvettes Gerichte von anerkanntem Geschmack und von solcher unzweifelhafter Vortrefflichkeit, daß ihr bloßes Erscheinen bei einem gehörig organisirten menschlichen Wesen alle Geschmacksfähigkeiten anregen muß, so daß alle, bei welchen wir in solchen Fällen weder das Erröthen des Verlangens, noch den Glanz des Entzückens lesen, mit Recht als solche zu betrachten sind, die es nicht verdienen an der Tafel zu sitzen und ihrer Genüsse theilhaftig zu sein."

Ein ausgezeichneter Gastronom schlägt, um diese Erfindung zu vervollkommnen, Eprouvettes durch Verneinung vor. Wenn zum Beispiel ein Gericht von besonderer Vortrefflichkeit plötzlich durch einen Zufall vernichtet wird oder irgend eine andere plötzliche Täuschung eintritt, muß man den Ausdruck in den Gesichtern seiner Gäste beobachten und danach ihre gastrischen Fähigkeiten beurtheilen. Wir wollen dieß durch eine Anekdote näher erläutern. Cardinal Fesch, ein ehrenvoller Name in den Annalen der Gastronomie, hatte eine größere Gesellschaft geistlicher Magnaten zu Tische gebeten. Am Morgen des Festmahls wurde der Cardinal durch ein glückliches Zusammentreffen mit zwei Steinbutten von ungewöhnlicher Schönheit beschenkt. Beide zuzurichten, würde lächerlich herausgekommen sein, aber dennoch wollte der Cardinal gern beide sehen lassen. Er vertraute seine Verlegenheit seinem Chef. „Seien Sie außer Sorge, Eminenz," lautete die Antwort; „es sollen beide erscheinen und es sollen sich beide der Aufnahme erfreuen, die ihnen gebührt." Die Tafel wurde angerichtet. Eine der Steinbutten folgte der Suppe. In allen Gesichtern strahlte behagliches Entzücken — es war der Augenblick der éprouvette positive. Der maitre d'hôtel tritt heran, zwei Diener erheben die Steinbutte und tragen sie hinweg, um sie zu zerlegen; aber einer von ihnen verliert das Gleichgewicht und Diener und Steinbutte fallen mit einander auf den Boden. Bei diesem traurigen Anblicke werden die versammelten Cardinäle bleich wie der Tod und es herrscht eine feierliche Stille in dem Conclave — dieß war der Augenblick der éprouvette negative; aber der maitre d'hôtel wendet sich plötzlich zu dem Diener: „Bringe eine andere Steinbutte," sprach er mit der größten Ruhe. Die zweite erschien und die éprouvette positive wurde glänzend erneuert.

Wir brauchen uns nicht zu entschuldigen, daß wir Herrn Brillat-Savarin einen so großen Raum gewidmet haben, denn sein Buch ist unstreitig eines der günstigsten Zeugnisse gastronomischer Literatur; es gibt zum Beispiel im Englischen kein Werk, das sich ihm vergleichen ließe, denn unglücklicher Weise begnügte sich Dr. Johnson, die Academie auf einem anderen Felde zu schlagen. „Frauen," äußerte einst der Weise, „können vortrefflich spinnen, aber sie können kein gutes Kochbuch schreiben. Ich würde ein besseres Kochbuch schreiben, denn je geschrieben worden ist; es würde ein auf philosophischen Grundsätzen beruhendes Werk sein." Seine Art zu essen war jedoch überaus unfein und nach Mrs. Piozzi bestanden seine Lieblingsgerichte in einer Schweinskeule, die so lange kochen mußte, bis das Fleisch vom Knochen fiel, einer Kalbspastete mit Rosinen und Zucker und dem äußeren Anschnitt eines gesalzenen Lendenstückes. Man weiß von ihm, daß er einst während des zweiten Ganges das die Hummersauce enthaltene Butterschiffchen verlangte und den ganzen Inhalt über seinen Plumpudding goß. Sein absprechendes Urtheil über Frauen darf man ebenfalls nicht mit unbedingter Zustimmung aufnehmen. Das Buch der Mrs. Glasse schrieb Dr. Hunter, aber Mrs. Rundell schrieb ihr Buch selber und es ist jedenfalls nicht ohne Verdienst, obgleich es sich mit den hochstrebenden Werken eines Ude, Soyer oder Francatelli nicht messen kann. Auch sind nach unserer schlichten Meinung Frauen die besten englischen Köche, wenn man die Sache von der praktischen Seite betrachtet und das schöne Geschlecht hat einige ziemlich geschickte Schüler der französischen Schule aufzuweisen; aber Frauen gelangen allerdings selten zu einer ausgezeichneten Vollkommenheit, wenn sie nicht hübsch und zugleich kokett sind — aus dem einfachen Grunde, weil kein Franzose, der Geschmack zu besitzen meint, sich die Mühe nehmen wird, ein weibliches Wesen zu unterrichten, das nicht im Stande und geneigt ist, seiner Eitelkeit Befriedigung zu gewähren.

Es dürfte demnach kein großes Unglück sein, den im Neuen Almanach der Gourmands (vom Jahre 1830) mitgetheilten Rath befolgen zu müssen: „Si les gages d'un cuisinier, et sourtout les habitudes de l'àrtiste, vous le rendent trop dispendieux, bornez-vous au cordon-bleu. Faitez choix d'une cuisinière active, propre etc." Dieser Satz mag genügen, den gewöhnlichen Irrthum zu widerlegen, daß cordon-bleu ein Kunstgenie erster Klasse beiderlei Geschlechts bezeichne. In der gastronomischen Sprache wird dieser Ausdruck ausschließend auf weibliche Personen angewendet und die ursprüngliche Veranlassung dieser Anwendung war eine unfreiwillige und begeisterte Anerkennung weiblichen Verdienstes von Seiten Ludwigs XV. Dieser königliche Wollüstling hatte die vesteste Ueberzeugung, daß es für ein Weib moralisch und physisch unmöglich sei, in der Kochkunst den höchsten Grad von Vollkommenheit zu erreichen. Madame Dubarry, die sich durch die häufige Wiederholung dieser gehässigen Theorie gereizt fühlt, beschloß ihn zu einer ihrem Geschlechte schmeichelhafteren Ueberzeugung zu führen. Sie suchte in dieser Absicht die beste Köchin aus, die Frankreich besaß und ertheilte ihr die gründlichsten Unterweisungen hinsichtlich der Leibgerichte und der eigenthümlichen Geschmacksneigungen oder Launen seiner Majestät. Wenn die Geschichte, die wir jetzt wiederholen, eine Lüge ist, so ist sie wenigstens, wie die Geschichte von dem Duell in „der Lästerschule" eine umständliche, denn die Ueberlieferung hat uns sogar mit dem ausführlichen Küchenzettel für jenes Abendessen bedacht, das unter der Leitung der Madame Dubarry von ihrem Schützlinge bereitet wurde. Es enthielt ein coulis de faisan, les petites croustades de foie de lottes, le salmis de bécassines, le pain de volaille à la suprême, la poularde au cresson, les belles écrevisses au vin de Sauterne, les bisquets de pêches au noyau und la créme de cerneaux. Das Dessert bestand aus einigen raisins dorés, einem salade de fraises au marasquin und einigen Rheims=Biscuits. Jedes Gericht fand Beifall und statt wie Drydens Alexander aufzuspringen und hinauszueilen, um eine Stadt in Brand zu stecken, sank der entzückte Monarch mit einem unaussprechlichen Gefühle träger Seligkeit in seinen Stuhl zurück und würde, hätten sie damals schon existirt, ohne Zweifel Désaugiers Verse gesungen haben:

"A chaque mets que je touche
Je me crois l'egal des dieux.
Et ce que ne touche ma bouche
Est devoré par mes yeux."

"Wer ist Ihr neuer Koch?" rief der König, als diese unvergleichliche Reihenfolge angenehmer Ueberraschungen vollendet war. "Lassen Sie mich seinen Namen wissen und ihn fortan ein Glied unseres königlichen Haushalts sein." "Allons donc, la France!" erwiderte die erfreute Ex=Grisette. "Habe ich Sie endlich gefangen? Es ist kein Koch, sondern eine Köchin und ich verlange für sie eine Vergeltung, die eurer Majestät und ihrer würdig ist. Ihre königliche Großmuth hat meinen Neger, Zamore, zum Gouverneur von Luciennes erhoben und ich kann für meine Köchin nichts Geringeres verlangen als ein cordon-bleu."

Es gab wahrscheinlich nichts, was der König (oder die Dame) in einem solchen Augenblicke nicht gewährt hätte, aber der Name dieser Köchin ist unglücklicher Weise in die Liste jenes

Ordens nicht eingeschrieben und sie selber dadurch um ihre Unsterblichkeit gebracht worden.

Es gibt keinen Theil der Welt, in welchem der Kenner nicht irgend einen dem Orte eigenthümlichen Leckerbissen finden könnte — wie der von den Oliven des Hymettus gemästete Truthahn in Athen, die berühmte minestra del riso in Mailand, der pesce reale (königliche Fisch) in Neapel, der ombre chevalier (eine Art Schar) des Genfersees, die rothe Forelle des Sees bei Andernach, der Bachkrebs vom Rhein oder die Drosseln aus den rheinischen Weinbergen, die Gemsenpastete des Simplon, die weißen Trüffeln von Piemont, die wilden Eber von Rom, die coquille d'écrevisse in Vaucluse, der Ortolan und Beccafico des südlichen Europa's u. s. w. u. s. w. — denn eine solche Aufzählung ließe sich bis ins Unendliche fortsetzen. Aber man wird, so weit unsere Kenntniß und Erfahrung reicht, wenn irgend ein Gericht durch seine Erfindung oder Zubereitung, abgesehen von dem dazu verwendeten Material, besondere Aufmerksamkeit erregt, gewöhnlich die Entdeckung machen, daß der Künstler, dem wir es verdanken, ein Franzose ist. Als wir vor mehren Jahren im Hôtel de France in Dresden durch ein treffliches suprême de volaille erquickt, uns erkundigten, wem unsere Gesellschaft diesen Genuß zu verdanken hätte, erfuhren wir, daß der Koch zugleich der Eigenthümer des Hotels und — ein Franzose, der ehemalige Chef eines russischen Ministers sei. Er lebte bereits seit achtzehn Jahren in Deutschland, sprach aber nur seine eigene Sprache, kein Wort von einer anderen. „A quoi bon, Messieurs," war seine Antwort, als wir hierüber unser Erstaunen ausdrückten — „à quoi bon apprendre la langue d'un peuple qui ne possède pas une cuisine?"

Von England kann man nicht dasselbe sagen, so sehr es seinen Nachbarn jenseits des Kanals auch verpflichtet sein mag. Es ist von competenten Richtern anerkannt, daß ein Diner erster Klasse in England über allem Vergleich besser ist als irgend ein Diner derselben Klasse in irgend einem anderen Lande, denn die Engländer gewinnen die besten Köche, wie sie die besten Sänger und Tänzer gewinnen, indem sie ihnen die höchsten Gebote machen, und haben einige Nationalgerichte bis zu einem Grade vervollkommet, daß sie für die ganze Welt ein Gegenstand des Neides sind. Zum Beweis für diese kühne Behauptung, die überdieß auch durch Ude's entschiedenes Zugeständniß bestätigt wird *), mag es uns erlaubt sein, den Speisezettel des Mittagsessens mitzutheilen, welches dem Lord Chesterfield, als er sein Amt als „master of the Buckhounds" niederlegte, in Clarendon gegeben wurde. Die Gesellschaft bestand aus dreißig Personen, das Couvert kostete sechs Guineen und der Ordner des Festmahles war Graf d'Orsay, der in diesem Zweige der Kunst unter den Sachkennern fast keinen Nebenbuhler hat: —

Erster Gang.

„Suppen. — Printannier: a là reine: Schildkröte.

„Fische. — Steinbutt (Hummern= und holländische Saucen); Salm à la Tartare; rougets à la cardinal; friture demorne; Breitlinge.

„Relevés. — Filet de boeuf à la Napolitaine; Truthahn à la chipolata; timballe de macaroni; Wildkeule."

---

*) Ich will zu behaupten wagen, daß die englische Kochkunst, wenn sie gut gehandhabt wird, die jedes anderen Landes der Welt übertreffe. Ude, XLIII.

„Entrées. — Croquettes de volaille; petits pâtés aux huîtres; côtelettes d'agneau! purée de champignons; côtelettes d'agneau aux points d'asperge; fricandeau de veau à l'oseille; ris de veau piqué aux tomates; côtelettes de pigeons à la Dusselle; chartreuse de légumes aux faisans; filets de cannetons à la Bigarrade; boudins à la Richelieu; sauté de volaille aux truffes; paté de mouton monté.

„Côte: Boeuf rôti; Schinken; Salat.

Zweiter Gang.

„Braten: Kapaune, Wachteln, Truthühnchen; Gänschen.

„Entremets. Spargel; haricot à la Française; mayonaise d'homard; gelée Macedoine; aspics d'oeufs de pluvier; Charlotte Russe; gelée au Marasquin; crême marbre; corbeille de pâtisserie; vol-au-vent de rhubarb; tourte d'abricots; corbeille des meringues; Krebse; Salat au gélantine; Champignons aux fines herbes.

„Relevés. Souffle à la vanille; Nesselrode-Pudding; Abelaide-Fleischschnitten; fondus. Pieces montées u. s. w."

Es wird dem Leser nicht entgehen, wie passend die englischen Gerichte — Schildkrötensuppe, Breitlinge und Wild — die französischen bei diesem Mahle ablösen, und welch eine Breite, Tiefe, Solidität und Würde sie ihm geben. Die Gänschen können ebenfalls zu den englischen Gerichten gerechnet werden, da die Gänse, mit Ausnahme der Leber, bei den Franzosen sich keines sonderlichen Rufes erfreuen; aber wir glauben, Graf d'Orsay that ganz recht, sie einzuschalten. Die Ausführung soll mit der Zusammenstellung Hand in Hand gegangen sein und das ganze Festmahl war von dem begeistertsten Erfolge gekrönt. Der

Preis war nicht ungewöhnlich hoch. Wir haben von einem Diner im Albion unter der Leitung des verstorbenen ehrwürdigen Sir William Curtis gehört, bei welchem die Theilnehmer für das Couvert zwischen dreißig bis vierzig Pfund Sterling bezahlten. Es hätte leicht doppelt so viel kosten können, denn man hatte unter anderen übertriebenen Dingen einen besonderen Boten nach Westphalen geschickt, um einen Schinken aussuchen zu lassen. Auch erinnern wir uns dunkel einer Wette hinsichtlich der beiderseitigen Verdienste der Albion- und der York-House-(Bath)Diners, die durch ein an beiden Orten veranstaltetes Gastmahl von beispielloser Ueppigkeit, das fast eben so theuer zu stehen kam, ntschieden werden sollte; aber sie blieb unentschieden, da das Albion im ersten Gange, das York-House im zweiten Gange den Sieg davon trug. Doch dieß sind Erinnerungen, auf welche man, offen gestanden, sich nicht ganz sicher verlassen kann.

Lord Southampton gab einst im Albion ein Mittagsessen, bei welchem das Couvert mit zehn Guineen bezahlt wurde. Der gewöhnliche Preis für die besten Diners in diesem Hause beträgt (mit Einschluß des Weines) drei Guineen. Nach unserer Meinung wird durch übertriebene Kostspieligkeit der wahre Genuß nicht erhöht und man kann ein englisches Mittagsessen erster Art (ohne Wein) für ein Drittel dieses Preises erlangen.

Dieses Werk würde kaum vollständig sein, wollten wir es nicht versuchen, der großen Künstler Erwähnung zu thun, die auf brittischem Boden bereits zur Küchenberühmtheit sich emporgeschwungen haben, oder wenigstens nahe daran sind, sie zu erreichen.

Vilmet, Leclair, Henry Brand, Morel, Grillon, Chevassut, Goubeaud und Huggins waren zu ihrer Zeit berühmte Leute und bildeten die ausgezeichnete Küchenbrigade von Carlton-House; Courrour, Honoré, Ménil, Morel der ältere, Barge, House, Cotton, Mills, Sams, Oudot der ältere, Farmer, Pratt und Dick Wood waren Köche ersten Ranges. Honoré war längere Zeit Koch bei Lord Holland und der Marquise von Hertford. Florence, Koch mehrer Herzöge von Buccleuch ist als Erfinder der Potage à la Meg Merrilies durch Scott verewigt worden. Farmer, viele Jahre Koch des verstorbenen Grafen von Bathurst, soll der erste englische Künstler seiner Zeit gewesen sein. Pratt war Oberkoch bei dem verstorbenen Herzog von York.

An der Spitze der hier genannten Männer steht, wie wir nicht vergessen dürfen Louis Eustache Ude, der gegen zwanzig Jahre die Ehre hatte, den Geschmack und Gaumen des Grafen von Sefton zu bilden, welchen man seiner Zeit nicht nur für den größten Gourmet, sondern auch für den größten Gourmand hielt, zwei Eigenschaften, die sich, wie wir bemerken müssen, selten vereinigen. Der Unterschied zwischen einem Gourmet und einem Gourmand ist, wie wir glauben, ungefähr folgender: Ein Gourmet ist derjenige, der für seinen feinen gelehrten Geschmack die nach der wissenschaftlichsten Art zubereiteten Leckerbissen auswählt, während hingegen der Gourmand mehr jener Klasse großer Esser sich nähert, die man, unnatürlicher Weise, wagen wir hinzuzufügen, den Aldermen oder Rathsherrn beizählt. Ude war einst auch maître d'hôtel des Herzogs von York, dem er durch sein mimisches Talent manches herzliche Lachen abgewann. Unter seiner Obhut begann auch das „große Spielhaus" in St. James, Crockfords Haus genannt, sein verderbliches Dasein.

Louis Eustache Ude war in der That der Gil Blas der Küche. Er hatte in seinen letzten Lebensjahren die Absicht, seine Memoiren zu schreiben und wenn sie auch nicht von besonderem

Werthe gewesen wären, so können doch diejenigen, die ihn kannten, mit Wahrheit behaupten, daß seine wunderliche Klatscherei und sein angenehmes Geschwätz, wozu sein merkwürdiges Gedächtniß so reichen Stoff bot, vielen Vergnügen gemacht haben würde. Ude's Mutter war eine liebenswürdige und muntere Putzmacherin, die einen untergeordneten Gehilfen in der Küche Ludwig des Sechszehnten heirathete. Sie hielt den kleinen Eustachius für einen zu hübschen Burschen, als daß sie sich hätte entschließen können, ihn dem „Dieu ventru" zu opfern. Die Folge war, daß der Knabe, nachdem sein Vater einen Versuch gemacht hatte, ihn auf seinen eigenen „ruhmreichen Pfad" zu bringen, sich entfernte und auf eigene Hand erst zu einem „bijoutier en faux", dann zu einem Graveur, hierauf zu einem Drucker und endlich zu einem Kleinhändler in die Lehre ging, worauf er für ein Handelshaus in Lyon Reisender wurde. In dieser Stellung ereignete sich etwas, das ihn veranlaßte, seinen Beruf aufs neue zu wechseln. Er kehrte nach Paris zurück und prüfte dort sein Talent als Schauspieler in einem kleinen Theater in der Rue Chantreine. Bald aber gelangte er, durch das Urtheil des Publicums in dieser Beziehung unterstützt, zu der Ueberzeugung, daß er auf dieser Bühne nicht seinen Antheil an dem Kuchen der Welt zu suchen habe und trat nun mit einem Bureau und einem Cabriolet als Wechselmäkler ins Leben. Aber dieses Geschäft war nicht von langer Dauer; er wurde auf der Börse „ausgeputzt" und bald nachher als Spielhaus-Inspector angestellt. Bald auch dieser Beschäftigung müde, kehrte er zu seinem ursprünglichen Berufe zurück und wurde wieder Koch.

Nachdem er in der ersten Glücksperiode des Hauses Bonaparte einige Jahre dem Küchenberufe obgelegen hatte, schwang sich Ude zur Stelle eines maitre d'hôtel der Madame Lätitia

Bonaparte empor. Unser Künstler behauptete diesen Posten zwei
Jahre, worauf er in Folge einer Meinungsverschiedenheit, die in
Bezug auf arithmetische Angelegenheiten zwischen Madame Lätitia
und ihm entstanden war, den Dienst dieser hohen Frau plötzlich
verließ und England mit seinem Besuche beehrte, wo er später,
so oft sich hierzu Gelegenheit darbot, jeder Zeit seinen Abscheu
gegen den „Usurpator" und seine ganze Familie auszudrücken
pflegte. Gute Köche waren damals in England selten und Ude
wurde bald nach seiner Ankunft mit einem Jahrgehalt von 300
Guineen vom Grafen von Sefton gewonnen, der nicht nur
während seiner Lebenszeit seinem Lieblingskoch ein großmüthiger
und freundlicher Herr war, sondern auch für dessen alte Tage
sorgte, indem er ihm bei seinem Tode eine Rente von hundert
Pfund hinterließ.

Als Ude die Pflichten seines hohen Berufs in Crockfords=
House aufgab, ging seine Würde auf Charles Elmé Francatelli
über, der sich als verdienstvoller Schriftsteller, sowie als feiner
und gebildeter Mann und vorzüglicher Künstler ausgezeichnet
hat. Seine bei Bentley erschienene Abhandlung über Gastro=
nomie wäre allein genügend, ihm einen Platz in der ersten
Reihe der wissenschaftlichen Jünger seiner Kunst anzuweisen. Er
war mehre Jahre „Chef" in Chesterfield=House, wo seine Mit=
tagsessen die Bewunderung der londoner gastronomischen Welt
erregten. Wir verfolgen ihn hierauf in seiner ruhmvollen Laufbahn
nach „Rossie=Priory" dem Wohnsitze des Lord Kinnaird und in den
Melton = Club, die sogenannte „Reunion" die Lord Kennaird,
Sir W. M. Stanley, Rowland Errington, Lyne Stevens und
den verstorbenen Grafen Matuzavicz zu ihren Mitgliedern zählte.
Hierauf folgte er Ude als maitre d'hôtel in Crockford's=House
und wurde später durch die Gönnerschaft des verstorbenen Gra=

fen von Errol zu dem ehrenvollen und beneidenswerthen Posten eines maitre d'hôtel und Oberkoch der Königin befördert. Man ist allgemein überzeugt, daß seine Geschicklichkeit, sein Eifer und seine verständige Haushaltung die vollkommene Zufriedenheit der Königin und ihres Gemahls gewannen, aber was wissen solche hochstehende Personen von den Intriguen am Fuße der Palasttreppe — oder wie könnte man sie für die herzbrechenden Kränkungen und Ungerechtigkeiten verantwortlich machen, die in ihrem Namen verübt werden? Nach Verlauf von zwei Jahren wurde Francatelli beseitigt oder trat vielmehr unfreiwillig zurück — das Opfer (wie er ohne Zweifel glaubt) irgend einer Küchen- oder Speisekammer-Kabale — und hierauf wurde dem Coventry-Club das Glück zu Theil, ihn eine Zeit lang zu besitzen. Gegenwärtig ist Francatelli, wenn wir nicht falsch berichtet sind, im vollen Genusse des „otium cum dignitate" und noch dazu im Besitz eines reichlichen Auskommens — ein Umstand, über welchen wir uns herzlicher freuen würden, widerstritte er nicht sehr ernstlich der Befriedigung unserer Gaumen. —

Ein anderer Künstler und gastronomischer Schriftsteller ist Soyer, der seinen Namen ziemlich bekannt gemacht hat. Er ist ein sehr geschickter Mann von sehr erfinderischem Geiste, aber die Ausführung bleibt gewöhnlich hinter seinen Ideen zurück und er hat mehr Aussicht, sich durch seine Suppenküche als durch seine Suppe unsterblich zu machen.

Die bedeutendsten Köche, die England gegenwärtig aufzuweisen hat, sind Pierre Moret im königlichen Haushalt, Aberlin, Chef des Herzogs von Devonshire, Crepin im Hause der Herzogin von Sutherland, Dunand, Paraire, Gérin, Mesmer; Labalme, Koch des Herzogs von Beaufort, Bony, Koch des Herzogs von Buccleuch, Auguste Halinger, Köchin beim Baron von Rothschild, die Gebrüder Mailliez, Brunet, Koch des Herzogs von Montrose, Lambert bei Herrn Charles Townley, Valentine bei Lord Poltimore, Hopwood bei Lord Foley, Georg Perkis bei dem Marquis von Bristol, Louis Besnard bei Herrn Marse, Frottier bei dem Herzog von Cambridge, Peren bei dem Marquis von Londonderry, Bernard bei Lord Willoughby d'Eresby, Guerault bei Herrn Hope, Chaudeau bei dem Marquis von Landsdown, Rotival bei Lord Wilton, Douetil bei dem Herzog von Cleveland, Palanque im Carlton=Club und Comte bei Brookes. Paul Pasquier, Alphonse Gouffé und Fouillois sind die ersten Pastetenbäcker unserer Zeit. Perrugini, Raffaelle, Vincent und Maudit sind die ersten Zuckerbäcker.

Der jetzige Herzog von Beaufort hatte einen neapolitanischen Zuckerbäcker, der von der Würde und dem Geist seiner Kunst vollkommen durchdrungen war. Einst wurde der Herzog mitten in der Nacht durch ein lautes Pochen an der Thür, das ungeduldig wiederholt wurde, aus dem besten Schlafe geweckt. Er fragte wer da sei. „Ich bin es, Herr Herzog," antwortete der Künstler; „ich war in der Oper und habe von der Musik geträumt. Sie war von Donizetti und ich habe eine Idee gehabt; ich habe in diesem Augenblicke ein Sorbet erfunden und es nach jenem göttlichen Komponisten benannt, wovon ich eure Gnaden nur in Kenntniß setzen wollte." Dieß ist fast eben so gut wie die Antwort, die Herbault einer Dame gab, welche von dem Preise eines Kopfaufsatzes abhandeln wollte: — „Madame, parole d'honneur, il m'a coûté trois nuits d'insomnie seulement pour l'imaginer."

Junge Männer, die auf dem besten Wege sind, sich einen Namen zu erwerben, sind: Mortiére, Koch bei Lord Hardwicke; Dubois; Sevestre bei der Herzogin von Gloucester; Montoy bei Lord Castlereagh; Charles Lion bei Lord Ernest Bruce; Denise, Tessier, Cartal, Débille, Amato, Georg White, Georg Tredway, Filippo Betti.

Es ist eine seltsame Erscheinung, daß fast alle großen Künstler dieses Berufes unstät, rastlos und unbeständig sind. Sie bleiben selten lange bei demselben Beschäftiger, mag dieser auch noch so großmüthig, so nachsichtig und rücksichtsvoll sein. Seufzen sie vielleicht wie die Macedonier nach der Eroberung neuer Welten oder wollen sie den Gebrauch des deutschen Wanderjahres auf das ganze Leben ausdehnen — oder glauben sie, daß Wissenschaft und Verstand, an einem und demselben Orte beharrend, beschränkt und beengt werden? Die Erscheinung verdiente wohl die ernstliche Aufmerksamkeit des Metaphysikers.

Wir haben jetzt unsere Skizze von der Geschichte und dem gegenwärtigen Zustande der Kochkunst beendigt und haben nur noch eine einzige warnende Bemerkung hinzuzufügen. Ohne ausreichende Mittel ist es Wahnsinn, jene Entrées und Entremets zu versuchen und „besser der erste im Städtchen, als der zweite in Rom" ist ein Sprüchwort, das sich ganz besonders zweckmäßig auf die Kochkunst anwenden läßt. „Eine gute Suppe, ein kleiner Steinbutt, ein Stück Wildpret, junge Enten mit grünen Erbsen oder Hühnchen mit Spargel und eine Aprikosentorte ist ein Mittagessen für einen Kaiser." So sprach der verstorbene Graf von Dudley und ein solches Mittagsessen findet man nirgend besser als in England. Aber ehe wir es unternehmen, die Vortheile eines einfachen Tisches hervorzuheben, sobald der Amphitrion nicht zufällig ein Millionair ist, müssen wir einen gerechten Tribut dem Andenken eines Mannes zollen, der hierfür fast eben so viel that wie Brillat de Savarin für den zusammengesetzteren französischen Tafelbrauch. Wir meinen den verstorbenen Thomas Walker, früher Mitglied der Polizeibehörde von London und Verfasser einer Wochenschrift, die den Titel: „Das Original" führte. Dieses merkwürdige Werk begann am zwanzigsten Mai des Jahres 1835 und wurde bis zu Anfange des folgenden Jahres fortgesetzt, wo es durch den beklagenswerthen Tod des Verfassers plötzlich unterbrochen wurde. Um unsere Leser in den Stand zu setzen, das Gewicht seines Urtheils in Bezug aufs Tafelgeben zu würdigen, wollen wir mit einigen von den artigen und unterhaltenden Erinnerungen aus seinem eigenen Leben den Anfang machen. Nachstehendes bildet eine Art Einleitung zu einer Reihe von Betrachtungen „über die Kunst eine gute Gesundheit zu erlangen", welche mit der dritten Nummer des Werkes beginnen. —

„Während dieser Jahre" — er spricht von seiner Jugendzeit — „und noch lange nachher war meine Gesundheit keineswegs sehr zuverlässig; eines Tages endlich, als ich mich auf dem Lande abgeschlossen hatte und mit großer Aufmerksamkeit Cicero's Abhandlung „De oratore" las, brachten mich einige Stellen — ich weiß sie nicht mehr zu nennen — auf den Gedanken, die Verbesserung meiner Gesundheit zum Zweck meiner Studien zu machen. Ich erhob mich von meinem Buche, richtete mich gerade empor und beschloß gesund zu sein. Um meinen Entschluß auszuführen, versuchte ich mehre Extreme und machte mich trotz der Vorstellungen und des Spottes meiner Umgebung mehrfacher Lächerlichkeiten und Mißgriffe schuldig. Aber ich harrte trotzdem aus und ich glaube, es sind jetzt volle sechzehn Jahre, daß ich irgend eines ärztlichen Rathes mich bedient oder Arznei genommen habe. Während dieser Jahre habe ich fortwährend in der Welt gelebt, während der letzten sechs Jahre in London, ohne je eine ganze Woche abwesend gewesen zu sein, ohne je ein Geschäft oder ein Vergnügen versäumt, ohne unpäßlich gewesen zu sein, zwei Tage auf dem Lande ausgenommen, wo ich mich übermäßig angestrengt hatte. Neun Jahre lang habe ich weder Ueberrock noch Mantel getragen, obgleich ich zu jeder Stunde und bei jedem Wetter reite und ausgehe. Meine Kleidung ist Sommer und Winter dieselbe gewesen; meine Unterkleider bestehen nur aus Baumwolle und ich bin stets nur leicht beschuhet. Die einzigen Nachtheile, an welchen ich zu leiden habe, sind dann und wann Erkältungen: aber bei etwas größerer Sorgfalt könnte ich auch diese gänzlich vermeiden, oder wenn ich mir die Mühe nehmen wollte, die heftigste Erkältung binnen vier und zwanzig Stunden wieder vertreiben."

Die Zeit und die Art seines Vorsatzes gesund zu sein, erinnert an Major Longbow, der an Bord des Dampfbootes den nicht minder herzhaften Entschluß faßte, daß keine menschliche Rücksicht ihn veranlassen sollte, krank zu sein, und aus seiner Macht, Erkältungen zu verhüten oder schnell wieder zu vertreiben, möchten wir fast schließen, daß Walker sich auf den Marquis von Snowdon bezogen habe, den Hook in seinen Romanen „Stolz und Liebe" verewigt hat und der die bloße Vermuthung, daß ein Plinlimmon sich je erkälten könnte, als eine Verunglimpfung seines Adels zurückweist. Aber wir brauchen nicht zu Romanen unsere Zuflucht zu nehmen, um Beispiele aufzufinden, welche beweisen, wie sich manche große Männer, scheinbar durch die bloße Kraft des Willens über die gewöhnlichen Bedürfnisse und Schwächen der Menschen erhoben haben. Der Herzog von Wellington soll die außerordentlichen Anstrengungen des letzten Krieges auf der Halbinsel nur mit Hilfe der ihm eigenen Gewohnheit überstanden haben, jeden geeigneten Augenblick, gleichviel ob bei Nacht oder bei Tage, zum Schlafen zu benutzen. Lord Brougham verdankt seine Kraft in Bezug auf nicht minder außerordentliche geistige Anstrengungen einer gleichen Gewohnheit. Wir sind in unserer Aufzählung von Beispielen um so ausführlicher, um den Leser auf die nächstfolgende noch überraschendere Behauptung dieser Art vorzubereiten. Unser Verfasser beschreibt die Erfolge einer enthaltsamen Diät: —

„Ich kam mir fürwahr wie ein ganz anderes Wesen vor; ich fühlte mich leicht und kräftig und meine Sinne waren geschärfter; ich freute mich eines wahrhaft blühenden Daseins. Ich kann mich nicht enthalten, als Beweise meines Zustandes zwei oder drei Beispiele anzuführen, obgleich ich voraussetzen muß, daß sie fast lächerlich erscheinen werden, wiewohl sie nichts destoweniger wahr sind. Es scheint auf der Außenseite oder Oberfläche eines vollkommen gesunden Thieres eine thätige Ausdünstung stattzufinden, welche jede Unreinigkeit beseitigt; denn wenn ich auf den schmutzigsten Wegen ging, so blieben nicht nur meine Füße, sondern selbst meine Strümpfe rein vom Staube. Der Erfahrung halber wusch ich eine ganze Woche lang mein Gesicht nicht, ohne daß der Unterschied von irgend Jemand bemerkt oder von mir selber gefühlt wurde."

Aber selbst diese Dinge finden ihres Gleichen in den Denkwürdigkeiten eines Helden des wirklichen Lebens, der sowohl in seinen persönlichen Eigenthümlichkeiten als auch in der Art und Weise, wie er sie erzählt, mit Walker viel Aehnlichkeit hat. Der bekannte Lord Herbert von Cherbury sagt in seinem Leben:

„Es ist denjenigen, die in meinem Ankleidezimmer Dienste verrichten, wohl bekannt, daß die Hemden, Jacken und anderen Kleidungsstücke, die ich unmittelbar auf meinem Leibe trage, von angenehmeren Geruche sind, als man sich denken oder an irgend einem anderen Menschen so leicht wahrnehmen kann. Derselbe Wohlgeruch war auch meinem Athem eigen ehe ich mich in späteren Jahren des Tabaks als Mittel gegen gewisse katarrhalische Uebel zu bedienen begann, der aber trotzdem meinen Athem nie lange verdarb. Ich habe in meinem ganzen Leben kaum etwas von Frost gefühlt, obgleich ich mehr an katarrhalischen Uebeln gelitten habe, als vielleicht irgend jemand — was ich alles in vertraulicher Weise für meine Nachkommen in Erwägung bringe, obgleich es außerdem vielleicht kaum niedergeschrieben zu werden verdient."

Man sagte von Herrn von Fitzjames, daß man ihn sein Leben lang in einer Gosse hätte herumwälzen können, ohne daß er schmutzig geworden wäre. Indessen sind wir nicht überrascht, wenn Walker in einer nachfolgenden Nummer es versucht, seine Behauptung durch eine wichtige ärztliche Autorität zu bekräftigen:

„Doctor Gregory sagt, die Hautausdünstung eines vollkommen gesunden Menschen sei frei und ununterbrochen, ohne zum Schweiße zu werden — exhalatio per cutem libera et constans, citro vero sudorem — was meiner „thätigen Ausdünstung" vollkommen entspricht, und die Zurücktreibung von Unreinigkeit ist die nothwendige Folge. Es ist damit in der That eine so thätige Ausdünstung gemeint, die der Haut vielmehr entfliegt, statt auf ihr zu bleiben und nichts auf ihr zurückläßt — ganz wie wir ein vollkommen gesundes Thier „—(zum Beispiel Herrn von Fitzjames) —" im Schmutze sich wälzen und unmittelbar nachher so reinlich vor uns stehen sehen, als wäre es gewaschen worden. Ich erwähne diese Einzelheiten, nicht um mich zu rechtfertigen, sondern um das Vertrauen meiner Leser nicht bloß für diesen einzelnen Punkt, sondern im Allgemeinen zu gewinnen — da ich häufig Gelegenheit haben werde, Dinge vorzubringen, die zwar außergewöhnlich erscheinen, aber trotzdem wahr sind. Wohlbegründeter Glaube ist nicht bloß in der Religion, sondern auch in anderen Dingen von großer Kraft."

Es ist überflüssig, die Antwort zu wiederholen, die Lady Mary Wortley Montague einer französischen Dame ertheilte, welche über die nicht ganz makellose Beschaffenheit ihrer Hände einiges Erstaunen zu erkennen gab. Miß Berry erwähnt diese Antwort in ihrem geistreichen und anziehenden Buche über das gesellschaftliche Leben in England und Frankreich als Beweis von der Rohheit der Zeit; aber die Folgerung dürfte kaum gerecht sein, denn wenn wir annehmen, daß Lady Montague Walker's Theorie befolgte, so sagte sie mit ihrem offenen Bekenntniß schlichtweg nichts weiter, als daß sie nicht ganz wohl sei. Dennoch möchte es bei erwiesenem Unwohlsein doch wohl rathsam sein, die Wirkung einer gelegentlichen Abwaschung zu versuchen, statt sich ausschließend auf „thätige Ausdünstung" zu verlassen. Wadd erzählt in seiner Abhandlung über Magerkeit und Dickleibigkeit von einer ältlichen Frau, die seit mehr als zwanzig Jahren jede Berührung mit kalten wie warmen Wasser sorgfältig vermieden hatte, weil sie der Meinung war, daß es den Rheumatismus, an welchem sie litt, beförderte. Nachdem sie längst jede Hoffnung auf Wiederherstellung aufgegeben hatte, war sie eines Tages so glücklich, in einen Teich zu fallen, aus welchem sie halbertrunken hervorgezogen wurde, und dieses unwillkürliche Bad, verbunden mit dem darauf folgenden Reiben, bewirkte eine vollständige Heilung. Eben so möchte man Walker's Bewunderern den Rath ertheilen, sein Beispiel in Bezug auf allzu leichte Kleidung, und namentlich was baumwollene Strümpfe und dünne Schuhe anlangt, nicht nachzuahmen, denn bei nassem Wetter leichtbeschuht zu gehen, kann weit schlimmere Uebel als eine bloße Erkältung zur Folge haben. Baron Beranger erzählt, daß er einst einen Taschendieb in dem Augenblicke, wo sich dieser an ihm vergreifen wollte, vestgenommen und sich erlaubt habe, ihn zu fragen, ob irgend etwas in seinem Gesichte enthalten sei, was ihm die Ehre verschafft habe, zu einem solchen Versuche auserkoren worden zu sein. „Ei, mein Herr," antwortete der Wicht, „an ihrem Gesichte ist nichts auszusetzen; aber Sie tragen bei schmutzigem Wetter dünne Schuhe und weiße Strümpfe und ich hielt Sie daher für einen Tropf."

Am Schlusse der ersten Nummer von Herrn Walkers Original erschien nachstehende anziehende Anzeige:

„Bemerkung: Ich habe die Absicht, mich in nächster Zeit über drei sehr interessante und wichtige Gegenstände zu verbreiten — über die Kunst zu speisen und Gastmahle zu geben, die Kunst zu reisen und die Kunst ein langes Leben zu erreichen — alles aus Erfahrung."

Diese drei Künste bildeten in der That die Hauptbestandtheile der Sammlung. Vorzugsweise war die Kunst zu speisen und Gastmahle zu geben mit so umfassender Einsicht und so richtigem Urtheile, wenn auch nur mit geringerer Veredlung oder Zartheit des Geschmacks erklärt, daß wir uns versucht fühlen, seine Bemerkungen als eine Art Tert zu benutzen und unsere eigenen Meinungen und Ansichten als Commentar anzufügen. Der Gegenstand dreht sich durch zehn bis zwölf Nummern, in jeder ungefähr drei oder vier Seiten füllend, aber der Verfasser ergeht sich so zwanglos in jene weitläufigen Auseinandersetzungen, die Rhetoriker für nützlich halten, wenn sie der Masse Meinungen beibringen wollen, daß wir im Stande sein werden, die Quintessenz seiner Bemerkungen auf den zehnten Theil des Raumes zusammen zu drängen, welchen er ihnen gewidmet hat.

Dagegen scheint es passend, den größten Theil der Einleitung unverkürzt mitzutheilen.

„Nach den Wörterbüchern ist der griechische Ausdruck für Mahlzeit „ariston" und ich nenne daher der Bequemlichkeit dieser Bezeichnung wegen, ohne mich in kritische oder antiquarische Forschungen einzulassen, die Kunst zu speisen Aristologie und diejenigen, welche sie studiren Aristologen. Der Grundsatz, daß Uebung vollkommen mache, ist auf unsere täglichen Gewohnheiten nicht anzuwenden, denn was diese anlangt, so begnügen wir uns gewöhnlich mit der Regel der Mittelmäßigkeit oder mit etwas noch geringerem. Wo Studium nicht absolut nöthig ist, wird es von den meisten Menschen ganz bei Seite gelassen, aber nur durch eine Vereinigung von Studium und Uebung gelangen wir zu irgend einer Vollkommenheit. Jedermann kann essen, aber nur wenige wissen, wie sie essen müssen, um sich den möglichst höchsten Grad von Gesundheit und Genuß zu sichern. Ja viele Menschen gehen wirklich darauf aus, ihre Gesundheit zu vernichten, und was den Genuß anlangt, so ergreift mich ein Schauder, wenn ich daran denke, wie oft ich zu einem bloßen feierlichen Gespötte eines wahren Genusses verurtheilt gewesen bin, wie oft ich steif und stattlich dagesessen, um die Ceremonie einer Mahlzeit zu bestehen, und wie oft ich mich in diesem Lande der Freiheit als Sklave gefühlt habe."

„Es gibt drei Arten von Mittagsmahlen; einsame Mittagsmahle, Mittagsmahle in alltäglicher Gesellschaft und ordentliche Mittagsmahle. Alle drei schließen die Berücksichtigung des Genusses in sich und zu den zwei letztern gehört auch noch Gesellschaft. Einsame Mittagsmahle sollten, meine ich, so viel als möglich vermieden werden, weil Einsamkeit Gedanken erzeugt und Gedanken die Verdauungsthätigkeit hemmen. Wenn aber einsame Mahlzeiten nicht zu umgehen sind, so sollte man das Gemüth durch eine vorhergehende Pause zur Heiterkeit stimmen, indem man es von dem, was seine Aufmerksamkeit eifrig beschäftigt hat, ablenkt und es einem angenehmen Gegenstande zuwendet."

Wir wissen nicht, welcher angenehme Gegenstand hiermit vorzugsweise gemeint ist — aber als der Verfasser der Pfarrerstochter (Theodor Hook) eines Abends zwei bis drei Stunden nach der Mahlzeit in seinem Armstuhle überrascht wurde, entschuldigte er sich, wie es heißt, mit den Worten: — „Die Flasche geht zu schnell herum, wenn man allein ist." Sir Hercules Langrishe wurde bei einer ähnlichen Gelegenheit gefragt: „Haben Sie all diesen Portwein (drei Flaschen) ohne Beistand getrunken?" — „O nicht doch," antwortete er, „ich erfreute mich des Beistandes einer Flasche Madeira." Aber kehren wir zu dem Original zurück.

„Da Zufriedenheit die Begleiterin jedes Mahles sein sollte, so ist Pünktlichkeit wesentlich nothwendig und der Esser und das Essen sollten immer gleichzeitig fertig und in Bereitschaft sein. Eine Hauptbedingung des wahren Comforts beim Speisen besteht darin, daß man dasjenige, was man braucht, sogleich bei der Hand hat, wenn man es braucht. Es ist nachtheilig, erst auf das eine und dann auf das andere warten zu müssen und die kleinen Zugaben oder Zubehörungen erst zu erhalten, nachdem dasjenige, wozu sie eigentlich gehören, bereits halb oder ganz abgethan ist. Um dieß zu vermeiden, ist einige Vorsicht nöthig, und es ist zum Beispiel gesunde praktische Philosophie erst Senf auf dem Tische zu haben, ehe gerösteter Käse erscheint. Es handelt sich dabei nicht bloß um die gewöhnlichen Zusätze, sondern diejenigen, die für Tafelgenüsse eine Art von Genie haben, werden zuweilen auf kleine Zuthaten kommen, die der Mahlzeit eine gewisse Poesie einhauchen und zur Förderung der Gesundheit dem Gaumen Genüge thun."

Hierauf werden zunächst die Unannehmlichkeiten gewisser modischer Bräuche, sowie die gegenwärtige üble Art und Weise der Bedienung einer ausführlichen Erörterung unterworfen.

„Es gehört zur Kunst zu essen ein Gegenstand von wesentlicher Wichtigkeit — die Bedienung meine ich, deren eigentlicher Endzweck darin besteht, das für uns zu verrichten, was wir nicht für uns selber verrichten können. Leider wird dieser Endzweck gewöhnlich aus dem Auge gelassen und die Bedienung hindert uns zu verrichten, was wir weit besser selber verrichten könnten. Die Ursache dieser Verkehrtheit liegt in dem Gebrauche und dem Beispiele reicher und prahlerischer Leute, die fortwährend eine Art Kriegszustand oder eine auf außergewöhnliche nicht auf gewöhnliche Fälle berechnete Einrichtung unterhalten und daher wie alle Potentaten, welche dieselbe Politik befolgen, nie die Süßigkeit des Friedens kosten, sondern vielmehr stets einer Invasion von Seiten ihrer eigenen Truppen ausgesetzt sind. Ich bin bei Tische ein ziemlich dreister Mann, welcher der Form oft genug Hohn spricht, so daß ich, wenn ich zum Beispiel einen Salat in meinem Bereiche sehe, keinen Anstand nehme, ihn an mich zu nehmen, aber kaum wird meine Absicht erspäht, so wird die Schüssel aus der bequemsten wo möglich in die unbequemste Stellung gebracht. Daß solche Abgeschmacktheit bei vernünftigen Wesen und in einem civilisirten Lande vorkommen kann, ist wunderbar genug! Man denke sich eine kleine Gesellschaft mit einem Fischgerichte an jedem Ende der Tafel und vier nichtssagend darbenden silbernen Gedecken auf den Seiten, während alles, was zu dem Fische gehört, selbst bei der besten Bedienung unerträglich langsam und eines nach dem andern kommt, so daß von Genuß und Zufriedenheit gar keine Rede mehr ist — und all dieß geschieht unter dem Vorgeben, daß es die bequemste und passendste Anordnung sei! Dieß ist eine völlige Täuschung! Die einzige bequeme Anordnung ist, alles, was gleichzeitig gebraucht wird, und nichts weiter, wirklich auf dem Tische zu haben — für eine Gesellschaft von acht Personen zum Beispiel Steinbutt und Lachs, die nöthigen Beigerichte in Verdoppelung, Krebssauce, Gurken, junge Kartoffeln, Cayennepfeffer, Essig u. s. w. — und es dann den Gästen zu überlassen, sich einander zu bedienen, was bei einer solchen Anordnung sich sehr bequem thun läßt.

„Was den Wein anlangt" — fährt er fort, nachdem er über den mühsamen Wechsel der Gänge und über das fortwährende Vorhalten von Nebenschüsseln geklagt hat — „so wird er häufig dargeboten, wenn er nicht gebraucht wird, während man ihn, wenn man ihn braucht, vielleicht nicht erlangen kann oder lange auf ihn warten muß. Es ist traurig, zwei Gäste zu sehen, die mit dem Glase in der Hand warten müssen, bis der Mundschenk Zeit findet, sie zu bedienen, während sie dann in ihrer Verzweiflung vielleicht etwas erlangen, was sie nicht begehrt haben — noch trauriger aber ist es, wenn man selber einer von den beiden ist. Wie ganz anders, wenn man in dem Augenblicke, wo es nöthig ist, die Hand selber nach einer Karafine ausstrecken kann! Ich könnte mich über diese Uebelstände noch weiter auslassen, aber sie müssen allen, die auswärts speisen, hinlänglich bekannt sein und diejenigen, welche dies nicht thun, mögen sich Glück wünschen, daß sie ihnen entgehen."

Aber die Unbequemlichkeiten dieser Bräuche verschlimmern sich, je mehr die letzteren herabsteigen:

„Ich habe bis jetzt von einer Bedienung in ihrem vollkommensten Zustande gesprochen; dann aber folgt die größere Unbequemlichkeit, die ungeheure Abgeschmacktheit derselben Förmlichkeiten bei mangelhaften und unzulänglichen Haushaltungen. Ich erinnere mich, einst einen sehr ernsten Blick von einer an der Spitze ihrer Tafel sitzenden Hausfrau erhalten zu haben, an deren Seite ich saß — weil ich mich anschickte, etwas Fisch von ihr zu nehmen, den sie mir darreichte, während ich hätte warten müssen, bis er mir von ihrem einzigen Diener vorgehalten werden konnte; und es fehlte dieser Frau weder an Verstand noch an guter Erziehung; aber wenn sich die Leute einmal solchen Thorheiten überlassen, kennen sie keinen Mittelweg. Es ist eines der Uebel unserer Zeit, daß alle Welt sich bemüht, nach derselben glatten und langweiligen Art zu leben, so daß man da, wo man das eigentliche Comfort erwartet, dieses häufig am wenigsten findet. Gepränge ohne die Maschinerie des Geprä̈nges ist von allem Gepränge das schlechteste. Zum Schlusse dieses Theiles meines Gegenstandes will ich die Bemerkung hinzufügen, daß nach meiner Ansicht die Reichen sich selber und ihrem Lande einen wesentlichen Dienst erweisen würden, wenn sie zu einer einfachen veredelten Lebensweise zurückkehren und alles, was mit wahrem Genuß unvereinbar ist, beseitigen wollten. Jedenfalls würde man finden, daß übermäßiger Luxus, wenn man seine Geschichte verfolgen wollte, immer seinen Ursprung in der Mitte der gemeinen Reichen, also einer Menschenklasse hat, die der Nachahmung am wenigsten werth ist."

Dieß ist in der Hauptsache wahr und richtig. Wir haben

ein Sprüchwort, das eines Baco würdig wäre, durch gesperrte Schrift hervorgehoben, aber das Verlangen, daß unsere Amphitrionen erster Klasse ihre prächtigen Haushaltungen aufgeben, ihre prunkhafte Lebensweise gänzlich abschaffen möchten, wäre mindestens eben so unvernünftig wie der Vorschlag, die Paläste zu beseitigen, weil Häuser für die gewöhnlichen Lebenszwecke geeigneter sind. Die goldene Regel ist: es bestelle jeder seinen Tisch nach seinen Mitteln und entledige sich der entwürdigenden Thorheiten der Ziererei und jeder nachahmungssüchtigen Eitelkeit.

Es ist jedoch eine unbestrittene Thatsache, daß die Kunst des Bedienens unter hundert Häusern kaum in einem verstanden wird. In der Meinung, sehr artig und aufmerksam zu sein, fahren die Diener umher, um jedes Entrée zunächst den Damen anzubieten; es entsteht Verwirrung und während dieselben Gerichte einigen Gästen zwei- oder dreimal angeboten werden, bleibt denselben unglücklichen Personen die Wahl anderer vorenthalten. Ein Theil der Bedienung sollte an der Spitze anfangen und ruhig herumgehen, während ein anderer Theil gleichzeitig am unteren Ende der Tafel beginnen sollte. Hinsichtlich der Tafel à la Russe sind die Meinungen der besten Richter getheilt; aber ich war einst Zeuge einer höchst gefälligen und originellen Anwendung derselben. Die Gesellschaft eines Landhauses war für einen gewöhnlichen runden Tisch zu groß geworden; die Wirthin kam daher auf den glücklichen Gedanken, zwei Tische, deren jeder acht bis neun Personen aufnehmen konnte, in demselben Zimmer aufstellen und à la Russe bedienen zu lassen. Die beziehlichen Vortheile verschiedenartig gestellter Tafeln sind von der Anzahl, dem Alter, den Neigungen und Eigenschaften der Gesellschaft abhängig, hinsichtlich welcher man zu entscheiden hat, ob es das Beste sei, Gespräche unter vier Augen oder eine allgemeine Unterhaltung zu erleichtern.

Hierauf folgt eine praktische Erläuterung von Walker's Grundsätzen:

„Da ich, wie dieß bei den meisten Menschen der Fall sein wird, am leichtesten über Dinge schreiben kann, die mir noch am frischesten im Gedächtniß sind, so will ich Dir, verehrter Leser, eine Beschreibung von einem Diner geben, das ich eben heute bei Lovegrove in Blackhall veranstaltet habe. Du bist zu bedauern, wenn Du nie dort gespeist hast. Diese Beschreibung wird gründlicher als jede lange abstracte Abhandlung meine Lehren vom Speisen erläutern. Die Gesellschaft wird außer mir selber aus sieben Personen bestehen und jeder Gast ist aus irgend einem Grunde eingeladen, von welchem Verfahren eine gute Gesellschaft hauptsächlich abhängt, denn Leute, die planlos zusammengebracht werden, hätten nach meiner Ansicht lieber getrennt bleiben sollen. Ich halte acht für die goldene Zahl, die man ohne die Wirksamkeit der Vereinigung zu schwächen nicht überschreiten darf. Das Mahl soll mit Schildkrötensuppe beginnen, der kein anderer Fisch als Breitling folgen soll; hierauf soll kein Fleisch weiter folgen als Birkhuhn, woran sich Apfelkuchen und Sülze schließen, da Pasteten bei solchen Gelegenheiten ganz am unrechten Orte sind. Mit der Schildkrötensuppe wird, wie sich von selbst versteht, Punsch gereicht, mit dem Breitling Champagner, mit dem Birkhuhn Claret. Die beiden ersteren habe ich mit besonderer Sorgfalt auf Eis setzen lassen und sie werden nach einander auf den Tisch kommen, so daß wir uns ihrer nach Belieben bedienen können. Ich werde, einige Flaschen Portwein ausgenommen, wenn sie besonders verlangt werden, keine anderen Weine zulassen, da ich verschiedene Weine

für einen großen Mißgriff halte. Was die Zubehörungen an=
langt, so werde ich Sorge tragen, daß für die Schildkrötensuppe
Cayennepfeffer und in Hälften, nicht in Viertel, geschnittene
Citronen sich in dem Bereiche eines jeden befinden und daß zu
den Breitlingen braunes Butterbrod hinreichend auf dem Tische
stehe; denn diese an sich unbedeutenden Dinge sind für eine gast=
liche Bewirthung dennoch von wesentlicher Bedeutung. Dem
Diner sollen dann Eise und ein gutes Dessert folgen, worauf
Kaffee mit einem einzigen Glas Liqueur für die Person gereicht
wird, damit man sich der Gegenwart vernünftig erfreue, ohne
dann mit Bedauern zurückblicken zu müssen. Wenn der Ver=
anstalter eines Gastmahls seinen Gästen einen genußreichen Er=
folg wünscht, so muß er zu beherrschen bestehen und nicht jedem
einzelnen seiner Gäste Erlaubniß geben, sich ungehindert seiner
eigenen Neigung zu überlassen. Dieß, Leser, sind meine An=
sichten von einem Diner, welchem Du hoffentlich Deine Billigung
nicht versagen wirst und ich bin der Meinung, daß wenn mir das
Parlament zur Bewirthung einer Anzahl ausgezeichneter Personen
jährlich 10,000 Pfund bewilligte, dieß den Handel mehr fördern
und die Staatseinkünfte wesentlicher vermehren würde, als irgend
eine verstohlene Maßregel, die man je ersonnen hat."

Hierauf wird der Erfolg dieses Blackwall=Diners beschrieben:

„Es wurde mit größter Ordnung ganz nach meiner Weisung
aufgetragen und verlief mit entsprechendem Erfolge. Die Schild=
krötensuppe und die Breitlinge waren vortrefflich; das Birkhuhn
war minder ausgezeichnet, aber die Aepfelkuchen mundeten so vor=
züglich, daß sie völlig aufgezehrt wurden und die Sülze unbe=
rührt blieb. Champagner und Claret waren die einzigen Wein=
sorten und man war damit vollkommen zufrieden. Sobald die
Liqueure einmal herumgereicht waren, ließ ich sie aus dem Zim=

mer bringen und nur einer von den Gästen beging die Sünde, ein Glas Porter zu verlangen, ohne daß ich augenblicklich Geistesgegenwart genug besaß, dies zu verhindern. Ich speiste gestern als Gast in Blackwall und bemerkte, daß man meine Theorie in Bezug auf die Zubehörungen sorgfältig ausgeführt hatte, so daß ich hoffen darf, daß das Publikum dadurch gewinnen werde."

Schildkröte ist bei einem Blackwall= oder Greenwich=Diner nicht an ihrem Platze und würde durch einige Fischgerichte sehr vortheilhaft ersetzt worden sein. Nach dem Birkhuhn zu urtheilen, muß Herrn Walker's Diner nach dem 12. August stattgefunden haben, wo man keine vollkommen guten Breitlinge mehr essen kann. Sie sind um diese Zeit bereits zu groß und haben ihre eigenthümliche Zartheit verloren.

Man findet im Anhange zwei Speisezettel für zwei Fischdiners erster Art, aber es dürfte zweifelhaft sein, ob „das Diner für den Papst" nicht am besten in London zu veranstalten sein würde, wo alle Arten von Fischen zu haben sind. Der eigenthümliche Reiz eines Diners in Blackwall oder Greenwich liegt in dem Ausfluge, in der Localität, in der frischen Luft und vielleicht in den Breitlingen, denn wenn man diesen Fisch auch in allen besseren Clubbs erhält, so verliert er doch durch den Transport an Wohlgeschmack und wird selten irgend wo so gut zubereitet, wie in unmittelbarer Nähe der Orte, wo man ihn findet. In Greenwich oder Blackwall braucht den Fischgerichten eigentlich weiter keine veste Speise zu folgen, als Entchen oder junge Hühner mit gebratenem Schinken.

Die Pflichten, die dem Hausherrn obliegen, um die Gäste mit einander bekannt zu machen und ihre verschiedenen geselligen Talente in Thätigkeit zu setzen, sind in dem Original genau erörtert. Dann wird von der Beliebtheit der Diners bei Jung=

gesellen gesprochen, die ihren Grund in der Beseitigung aller Förmlichkeit haben soll, und die Vorliebe der Frauen für Schmuck und Zierrath wird mit des ungebildeten Indianers Vorliebe für Federn und Muscheln verglichen. Hierauf folgen verschiedene treffende Bemerkungen über die Gestalt, Größe, Erleuchtung, Erwärmung und Verzierungen von Speisezimmern, die wohl die Aufmerksamkeit eines Epikuräers verdienen dürften, aber wir übergehen sie, um uns zu anderen interessanten Erfahrungen des Herrn Walker zu wenden

„Gut und angenehm zu speisen, ist Sache des Erfindungsgeistes und der Combination. Es gehört dazu Neuheit, Einfachheit und Geschmack, während hingegen an den meisten Tafeln je nach der Jahreszeit kein anderer Charakter als die gewöhnliche langweilige Routine zu erkennen ist. Man findet zu derselben Zeit überall dieselben Dinge und da die für die Tafelversorgung angenommenen Regeln den Kreis sehr beschränken, so kommen einestheils sehr viele Gerichte gar nicht zum Vorschein, während andere, die nach der angenommenen Ordnung aufgetragen werden, hinsichtlich des Genusses, den sie gewähren sollen, selten zu voller Geltung gelangen, wie zum Beispiel Wildpret im dritten Gange. Dies erinnert mich an ein Diner, das ich am letzten Christtag für drei Personen, zu welchen ich selber gehörte, veranstaltete und das uns in hohem Grade befriedigte. Es bestand aus Stockfisch, Schnepfen und Plumpudding — vom jedem so viel als jeder von uns begehrte — und hierzu wurde Champagner getrunken. Dieses Diner war höchst befriedigend und seiner Einfachheit wegen eben so gesund; aber nach dem gewöhnlichen Gebrauche würde den Schnepfen irgend ein nahrhaftes vestes Gericht vorangegangen sein, das deren Genuß gestört und gleichzeitig den Appetit überladen haben würde. Delicatessen werden selten eher gebracht, als bis sie ganz überflüssig sind, und dies ist unbefriedigend, wenn sie nicht gegessen, verderblich, wenn sie gegessen werden."

Dies ist ein ziemlich guter Plan, wenn man den Appetit seiner Gäste genau kennt und überzeugt sein kann, daß jeder mit einer Schnepfe zufrieden sein wird; aber wir haben Esser, welchen es nicht schwer fallen würde, für sich allein ein Diner zu verzehren, daß Walker für drei Personen veranstaltet hatte. Der Lordlieutnant einer der westlichen Grafschaften Englands aß während der Rebhühnerzeit ein ganzes Volk dieser Vögel zum Frühstück, und es gibt einen anderen Edelmann, der gleich jenem Schottländer, welcher eine Solandgans verzehrte, ein ganzes Volk Rebhühner verzehren und wie dieser sich wundern würde, wenn dadurch sein Appetit nicht gereizt worden sein sollte. Man weiß von ihm, daß er einst in die berühmte Old-Bailey-Fleischstube einkehrte und nach der Berechnung des Wirthes sieben und ein halbes Pfund vestes Fleisch mit einer entsprechenden Masse von Gemüse verzehrte. Ein wohlbekannter literarischer und politischer Charakter entwickelte in Crockford's Etablissement einen so riesenhaften Appetit, daß der Eigenthümer mehr als einmal mit dem Gedanken umging, ihm eine Guinee zu geben und ihn zu bitten, an irgend einem anderen Orte zu suppiren, sich aber nur durch die Besorgniß abhalten ließ, daß ihm eine ähnliche Antwort zu Theil werden möchte, wie jenem Wirthe in „Roderick Random", der einem unangenehmen Gast eine gewisse Summe bot, um ihn los zu werden, aber von diesem die Antwort erhielt, daß er bereits auf diese Weise von allen anderen Wirthen der Stadt beseitigt worden sei und sich daher in der unumgänglichen Nothwendigkeit befinde, dieses Speisehaus auch fernerhin mit seiner Gegenwart zu beehren.

Ein anderer unwiderlegbarer Einwand gegen das erwähnte Diner ist sein handgreiflicher Mangel an Uebereinstimmung mit

der Jahreszeit. Rostbeef und gebratener Truthahn sind für ein
Christtagdiner unentbehrlich. Es fehlt Herrn Walker in der
That etwas an fein unterscheidendem Geschmack und seine Ge=
richte sind keineswegs immer gut gewählt. Sein Hauptverdienst
besteht darin, daß er der Erste gewesen ist, der das Princip der
Einfachheit öffentlich vertheidigt hat.

Das wichtige Kapitel der Gemüse findet ebenfalls die ge=
bührende Berücksichtigung:

„Eine der größten Annehmlichkeiten der Tafel ist meiner An=
sicht nach eine gehörige Menge von guten, mit Sorgfalt zube=
reiteten Gemüsen. Aber dies ist ein Genuß, den man an grö=
ßeren Tafeln vergebens erwartet. Gemüse nehmen immer eine
sehr untergeordnete Stellung ein, außer wenn man sie eben noch
für große Delicatessen hält, was meist der Fall ist, ehe sie ihre
eigentliche Vollkommenheit erreicht haben, und dann werden sie
wie alle Delicatessen erst verabreicht, wenn der Appetit gestillt
ist. Gute heißdampfende Kartoffeln mit zerlaufener Butter von
der besten Art würden allein jedem Diner einen Grad von Vor=
trefflichkeit verleihen; aber sie sind in dieser Gestalt auf glän=
zenden Tafeln so selten, als wären sie theuer wie Perlen."

Ein ehemaliges Parlamentsmitglied sagte von dem Baron
Hullock: „Er war ein guter Mann, ein vortrefflicher Mann.
Er hatte die beste geschmolzene Butter, die ich je in meinem
Leben gekostet habe. Ein noch lebender ausgezeichneter Kenner
behauptet, daß die moralischen Eigenschaften einer Hausfrau
in gleicher Weise an den Kartoffeln zu erkennen seien. Welche
Wichtigkeit und Bedeutung eine andere eben so unantastbare
Autorität dieser Sache beilegte, geht zur Genüge aus dem her=
vor, was sich bei der Zusammenkunft eines Clubb=Comités
ereignete, der ausschließend zur Wahl eines Koches zusammen=

getreten war. Die Bewerber waren ein Engländer aus dem
Albion und ein von Ude empfohlener Franzose. Der ausge=
zeichnete Geistliche, von welchem wir reden, war beauftragt, sie
zu prüfen und die erste Frage, die er an jeden richtete, war:
„Können Sie Kartoffeln kochen?"

Wir haben schon zwei von Walker's practischen Erläuter=
ungen mitgetheilt und kommen nun zu einer dritten, die nicht
minder wichtig ist.

„Um diejenigen zu bewirthen, die einer anderen Klasse an=
gehören, als wir, ist es rathsam, für Dinge zu sorgen, an
welche sie nicht gewöhnt sind und die sie nie in vorzüglichster
Qualität zu erlangen besondere Gelegenheit haben. Es ist vielen
Leuten vermöge ihrer Verbindung mit fremden Ländern oder
mit verschiedenen Theilen ihres eigenen Vaterlandes vergönnt,
sich ohne Mühe Dinge zu verschaffen, die für andere interessante
Seltenheiten sind, und eines der sichersten Mittel, gut zu be=
wirthen, ist, ein gutes Vernehmen mit denjenigen zu erhalten,
mit welchen wir wegen der Versorgung unserer Tafel verkehren.
Um näher zu erläutern, was ich von auserlesenen einfachen
Diners gesagt habe, will ich eines beschreiben, daß ich einst bei
einem meiner Freunde im Temple für eine Gesellschaft von sechs
Personen veranstaltete, die sämmtlich an einen ausgezeichneten
Tisch gewöhnt waren. Das Diner bestand aus folgenden Ge=
richten, die nach einander aufgetragen und mit ihren verschie=
denen Zubehörungen aufmerksam besorgt wurden. Erstlich Früh=
lingssuppe von Birch am Cornhill, die ich jedem, der sie noch
nicht gekostet hat, als etwas ganz Vorzügliches empfehlen kann;
dann ein mäßiger, vortrefflich gekochter Steinbutt mit ausge=
zeichneter Hummernsauce, Gurken und neuen Kartoffeln; dann
Rindsbraten frisch vom Spieße mit grünen Bohnen und

Salat, dann sehr delicat zugerichteter Krebs und endlich etwas Sülze. Der Inhaber der Gemächer stand mit der Stadt in Verbindung und hatte es übernommen, die verschiedenen Gegenstände zu besorgen, die von der vorzüglichsten Beschaffenheit waren, und obgleich Fisch und Fleisch von einer Wäscherin des Tempels zubereitet wurden, so hätten sie doch kaum besser sein können, was wohl, wie ich vermuthe, seinen Grund in dem Umstande haben mochte, daß die Küche ganz in der Nähe war und die Köchin dem Geschäfte der Zubereitung ihre ungetheilte Aufmerksamkeit widmen konnte. Und hier muß ich zugleich erwähnen, daß uns die Nähe der Küche nicht im mindesten störte oder uns auch nur, außer in der Vortrefflichkeit der Bewirthung, irgendwie bemerklich gewesen wäre. Der Rindsbraten fand verdienter Weise die höchste Anerkennung und ich habe in der That selbst Wildpret selten mit größerem Appetite verzehren sehen. Die Krabbe hielt man für ein besonders gut gewähltes Zwischengericht und verzehrte sie mit großem Eifer, während die Einfachheit der Sülze allgemeinen Anklang fand. Das Dessert bestand, glaube ich, blos aus Orangen und Biscuit oder aus gerösteten Brotschnitten mit Sardellen. An Wein hatten wir Champagner, Portwein und Claret. Ich habe in Tafeln von kleinen wie in großen Gesellschaften vielfache Erfahrungen, habe aber nie bei oder nach der Mahlzeit eine solche Lebendigkeit oder aufrichtige Fröhlichkeit wahrgenommen, wie bei dieser Gelegenheit, wo jeder Prunk und jeder Ueberfluß ausgeschlossen waren. Ich führe dieß als Beispiel einer einfachen und behaglichen Bewirthungsart an, und will damit nur die Art und Weise, nicht aber besondere Gerichte und Weinsorten empfohlen haben."

Gegen den hier vorgeschlagenen Grundsatz dürfte sich kaum

etwas einwenden laſſen, denn es iſt nicht blos der Geldaufwand, ſondern auch die mit dem gegenwärtigen Tafelſyſtem verbundene Störung und Beſchwerde, wodurch eine ausgedehntere Ausübung „der Kunſt" verhindert und dem Genuſſe der Geſelligkeit ein ärgerlicher Zwang auferlegt wird. Manchen reichen Mann, den an einigen Pfunden nicht viel gelegen iſt, ſchreckt die Ausſicht zu= rück, den unteren Theil ſeines Hauſes eine Woche lang in ein Laboratorium umgewandelt zu ſehen. Wir wollen es daher verſuchen, die Annahme dieſer einfacheren Methode zu erleichtern, indem wir Walker's Vorſchlägen noch einige nützliche Winke hinzufügen.

Indem wir uns zunächſt zur Suppe wenden, müſſen wir allerdings geſtehen, daß in dieſer Beziehung kaum irgend wo etwas ausgezeichneteres zu erlangen iſt, als die Schildkröten= ſuppe bei Painter in Leadenhall=Street. „Der erſte Kenner Eu= ropa's" behauptet, Painter ſei der einzige Schildkrötenkünſtler in Europa. Zur Bereitung gewöhnlicher Suppen muß man ſich nur des beſten Fleiſches und der beſten Gemüſe bedienen und das Fleiſch vom Fett reinigen. In neueſter Zeit hat man Schottland als das Land geprieſen, das die beſten Suppen biete, ein Lob, welches nicht ganz unbegründet zu ſein ſcheint.

Fiſch verdient faſt allein ein Buch, aber wir müſſen uns auf einige wenige Andeutungen beſchränken. Die erſte derſelben bezieht ſich auf die allgemein gebräuchliche aber nachtheilige Zu= bereitung. Der Fiſch ſollte nie zugedeckt werden, weil er durch die Verdichtung des Dampfes ſehr zu leiden pflegt. Außerdem kann der Brauch, gekochten und gebratenen Fiſch in dieſelbe Schüſſel zu legen, nicht genug getadelt werden und heißen Fiſch mit kalter grüner Peterſilie zu bedecken, iſt abſcheulich. Manch= mal ſieht man all dieſe Barbareien zu gleicher Zeit, und der aufgehobene Deckel zeigt gekochten und gebackenen Fisch unter einer Hülle von Petersilie. Der gebackene Fisch hat durch die Berührung mit dem gekochten all seine bratenartige Härte und Sprödigkeit verloren, während beide durch den unter dem Deckel verdichteten Dampf gesotten worden sind. Man ist gewöhnlich darauf bedacht, vom Stockfisch sogenannte „schöne große Stücke" zu erhalten; es gibt keinen größeren Irrthum als diesen. Stockfisch muß in dünne Scheiben zerschnitten werden, wenn der ganze Fisch gleichmäßig kochen soll, während bei großen Stücken der dünne oder bauchige Theil überkocht wird, ehe der andere halbgar ist. Ein anderer Vortheil ist, daß man den Fisch nicht eher in den Kessel zu thun braucht — (er muß immer in kochendes Wasser gelegt werden) — als bis die Gäste angekommen sind. Von Saucen ist holländische Sauce bei allen weißfleischigen Fischen anwendbar, Stockfisch vielleicht ausgenommen, bei welchem Krebssauce erlaubt ist. Die Zubereitung der Austernsauce ist kein Geheimniß, aber Krebssauce versteht man nicht so allgemein zu bereiten. Was im Allgemeinen die englischen Fische anlangt, so sind die Churchill- und Severn-Lachse entschieden die besten; denn die Themse-Lachse sind fast als erloschen zu betrachten. Der Lachs von Killarney, gekocht, geröstet oder an Spießen von Erdbeerholz gebraten, ist ein Gegenstand für sich und unglücklicher Weise unnachahmbar. Der Dubliner Schellfisch ist eine andere der Schwesterinsel eigenthümliche Delicatesse, aber damit Schottland nicht eifersüchtig wird, wollen wir es wagen, diesen Fischen den frischen Hering von Loch Fynne an die Seite zu stellen. Die Hampshire-Forelle erfreut sich einer langjährigen Berühmtheit, aber wir sind geneigt, den Flüssen Colne und Carshalton den Vorzug zu geben, indem wir nur die echte und eigentliche Themseforelle ausnehmen, welche nicht mit jeder in der Themse gefangenen Forelle verwechselt werden darf. Die Forellen aus dem Clyde oberhalb seines Wasserfalls sind ebenfalls vortrefflich. Themse=Barsch und Schleie geben mit holländischer Sauce ebenfalls ein sehr gutes Gericht. Die überreichliche Einführung von Seefischen hat den Werth des Karpfens überall ungebührlich vermindert. Ein fetter Fluß=karpfen ist ein Gericht für einen Fürsten. Teichkarpfen nehmen einen schlammigen Geschmack an, und um dies zu verhüten, macht ein gelehrter Mönch den Vorschlag, ihnen einige kleine Hechte zu Gefährten zu geben, die an den Floßfedern der Karpfen nagen, wenn diese halb im Schlamme versunken sind, und sie nöthigen, sich in Bewegung zu setzen. Wahrscheinlich hat er dabei an den analogen Fall mit dem gehetzten Hasen gedacht, der durch einen langen Lauf wesentlich gewinnt. Hecht (gleichfalls mit holländischer Sauce) ist vortrefflich, wenn man ihn, sobald man ihn gefangen hat, im Schwanze und in den Kiemen ver=bluten läßt; er wird dann weit weißer und sieht auf der Tafel besser aus. London wird hauptsächlich mit holländischen Aalen ver=sorgt, während man den eigentlichen Silberaal aus fließenden Wässern mit kiesigem Boden am vorzüglichsten in Salisbury, Anderton oder Overton ißt. Worcester liefert die besten Lam=preten und Bricken.

Der verstorbene Herzog von Portland pflegte während der Sommermonate nach Weymouth zu gehen, um sich an den Roth=bärten zu erquicken, die früher dort in Ueberfluß vorhanden waren. Die größten wurden gewöhnlich für drei oder vier Pence das Stück verkauft, aber man weiß, daß der Herzog für einen Rothbart von anderthalb Pfund zwei Guineen bezahlt hat.

Die Rothbärte haben jetzt Weymouth fast gänzlich verlassen und sich nach der Küste von Cornwall gewendet und wir rathen dem Kenner sich während der Hundstage dorthin zu begeben und unterwegs den Gold= und Sonnenfischen von Plymouth seine Aufmerksamkeit zu schenken. London wird jetzt von Hastings aus ziemlich befriedigend mit Rothbärten versorgt. Ganz vorzüglich sind die Jersey=Rothbärte, die manchmal drei bis vier Pfund wiegen.

Nach diesen flüchtigen Bemerkungen über die Fische wollen wir noch einige Worte über Vögel einschalten, wenn wir auch in dieser Beziehung vorzugsweise England im Auge behalten müssen. Die größte Neuigkeit ist vielleicht die Mittelente oder der Rothhals, ein wilder Vogel, der angeblich vom kaspischen Meere kommt und nur auf einem einzigen Vogelherde in Essex im Monat Januar während der kältesten Jahre gefangen wird. Sein Fleisch ist überaus zart und wohlschmeckend und schmilzt fast auf der Zunge, wie man es von der berühmten amerikanischen Ente zu sagen pflegt: aber es hat wenig von dem gewöhnlichen Wildentengeschmack und man ißt sie am besten in ihrem eigenen sehr reichlichen Safte ohne Cayennepfeffer und Citronensaft. Der Vogel hat ungefähr die Größe einer hübschen Pfeifente. Der Mornell wird von den Wohlschmeckern ebenfalls und verdienter Weise sehr hoch geschätzt.

Brausehähne und Streitschnepfen sind im Ganzen nur wenig bekannt, obgleich ihrer von Bewick ehrenvoll gedacht wird. Ihre Zeit fällt in die Monate August und September. Man findet sie vorzugsweise in sumpfigen Gegenden und muß sie lebendig fangen und ungefähr vierzehn Tage lang mit gekochtem Weizen und mit Brod und Milch und eingemischtem Hanfsamen füttern, aber sich wohl vorsehen, daß nicht zwei

Männchen zusammen kommen, die alsbald einen tödtlichen Kampf beginnen. Diese Vögel sind in ihrem wilden Zustande fast ganz werthlos und die Art, sie zu mästen, soll, wie es heißt, von den Mönchen in Yorkshire entdeckt worden sein, wo sie, wie eine umlaufende Anekdote beweisen wird, bei dem geistlichen Stande noch immer in hoher Gunst stehen. Bei einem großen Diner in Bishopthorpe (zur Zeit des Erzbischofs Markham) kam zufällig ein Gericht von Braushähnen und Streitschnepfen vor einem jungen Theologen zu stehen, der sich eingefunden hatte, um sein Priesterexamen zu machen und von seiner Gnaden zu Tische geladen worden war. Aus bloßer Bescheidenheit hielt sich der geistliche Neuling ausschließend an das vor ihm stehende Gericht und schenkte ihm ungetheilte Aufmerksamkeit, bis endlich einer der Geistlichen ihn bemerkte und durch einen lauten Ausruf des Entsetzens die Aufmerksamkeit der ganzen Gesellschaft erregte. Aber die Warnung kam zu spät; die Braushähne und Streitschnepfen waren bis auf einen einzigen Vogel verschwunden und mit ihnen, wie es heißt, auch alle Hoffnungen des Candidaten auf eine Pfründe in Yorkshire. Eine ähnliche Anekdote erzählt man sich in Bezug auf Weißkehlchen, die nach unserer Ansicht eine noch größere Delikatesse sind. Ein schottischer Offizier speiste bei dem verstorbenen Lord Georg Lennox, dem damaligen Commandanten von Portsmouth und kam in die Nähe eines Gerichtes von Weißkehlchen zu sitzen, das unter seinem wiederholten Angriffe schnell zu verschwinden begann. Lady Lennox bemühte sich, seine Aufmerksamkeit einem anderen Gerichte zuzuwenden. „O, ich bitte, Milady," lautete die Antwort, „diese Vögelchen sind für mich gut genug." Wir haben gehört, daß einige amerikanische Enten, die der Geschichtschreiber Prescott einem englischen Freund sendete, zufällig nach Melton kamen und von einer ausgewählten Tischgesellschaft für gewöhnliche Enten verspeist wurden, während dagegen ein ähnliches Geschenk aus derselben Hand an der Tafel der Lady Morgan volle Anerkennung fand.

Fürst Talleyrand war ein besonderer Freund von Braushähnen und Streitschnepfen und er aß während ihrer Zeit täglich zwei Stück; sie werden wie Schnepfen zubereitet. Dunstable Lerchen, in England die beliebtesten, sollte man nur in Dunstable essen, aber der verstorbene Lord Sefton pflegte sie mit gutem Erfolge in blechernen Büchsen kommen zu lassen. Lerchen sind, wenigstens in England, im Januar am besten. Surrey und Sussex sind wenigstens für England die eigentliche Heimat der Kapaunen und derselben Thiere in ihrem natürlicheren, wenn auch weniger aristologischen Zustande, während Norfolk und Suffolk die besten Truthühner und Gänse liefern. Letztere Grafschaften sind auch ihrer Rebhühner wegen berühmt, die in Grasgegenden selten Werth haben. Fisher, der beste Geflügelhändler in London, sendete dem Lord William Bentinck in Paris einen Fasan, der vier Pfund wog, aber wir wissen nicht, in welcher Gegend Englands er erlegt worden war. Waldschnepfen wiegen gewöhnlich im Durchschnitt volle fünfzehn Unzen: das größte Birkhuhn gewöhnlicher Art wog achtundzwanzig Unzen. Dagegen schickte Fisher dem Lord Balcarres eine Waldschnepfe, die ziemlich zehn Pfund wog. Diese ausgezeichneten Thiere sind vom Lord Brealdalbane in den Hochlanden eingeführt worden. Fisher erfreute sich des vollsten Vertrauens des Lords Sefton, was für einen Mann, der unmittelbar oder mittelbar mit der Gastronomie in Verbindung steht, jedenfalls die höchste Empfehlung ist, und er ist, so viel wir wissen, der einzige Lieferant für die königliche Tafel.

Jeder weiß, daß eine gebratene Keule eines vier- oder fünfjährigen Schöpses in der Pfanne gebraten ein sehr verdienstvolles Gericht ist, aber man darf es nie durch den Spieß entweihen, wobei der eigentliche Saft verloren geht. Eben so wenig ist gekochte Schöpskeule mit Rüben zu verachten, ein Gericht, das überdieß zu einem ziemlich guten Witze des bekannten Charles Lamb Veranlassung gab. Der Zufall hatte ihn im Postwagen mit einem Landwirth zusammengeführt, der ihn in seinem landwirthschaftlichen Jargon mit allerlei Fragen über Getreide und Ernte peinigte. Endlich fragte er ihn: „Und nun sagen Sie mir, wie werden die Rüben dieses Jahr werden?" „Ei nun", stammelte Lamb, „das wird von den gekochten Schöpskeulen abhängen."

Ein echter hure du sanglier oder Wildschweinskopf aus dem Schwarzwalde kann der einfachsten Tafel einen ungewöhnlichen Reiz geben. Der verstorbene König von Hannover pflegte jedem seiner geschätztesten Freunde in England zum Christfest einen solchen zu senden und es war ein Beweis von politischer Consequenz, lange auf seiner Liste zu bleiben, denn alle, die sich von Seiner Majestät etwas orthodoxer Richtung in Kirche und Staat abwendeten, wurden von Zeit zu Zeit ausgelassen.

In Bezug auf Schweinsbraten wäre es Entweihung einen andern als Charles Lamb reden zu lassen:

„Von allen Delicatessen, welche die mundus edibilis uns bietet, ist er die vorzüglichste — princeps obsoniorum.

„Ich spreche nicht von euren ausgewachsenen Schweinen — jenen Mitteldingen zwischen Ferkel und Schwein — sondern von einem jungen zarten Säugling — unter einem Monat alt — schuldlos aus dem Schweinestalle — mit einer

Stimme, die sich noch zwischen einem kindlichen Lallen und einem Grunzen bewegt — der milde Vorläufer, das Präludium des Grunzens.

„Sieh es jetzt auf der Tafel, wie sanft es da liegt. Könntest Du wünschen, daß dieses unschuldige Wesen zu der Schwerfälligkeit und Unbändigkeit aufgewachsen wäre, die nur zu oft die Begleiter reiferer Schweinheit sind. Zehn gegen eines, es wäre ein Fresser, ein Schmutzigel, ein störriges unangenehmes Thier geworden, das sich in allerlei unsauberem Umgange herumgewälzt hätte. All diesen Sünden ist es zu seinem Glücke entrissen worden.

„Eh' die Sünd' es befleckt und die Noth es betrübt,
Kam mit liebender Sorge der Tod." —

Sein Andenken ist lieblich — kein tölpischer Bauer flucht, indem sein Magen das ranzige Fett fast wieder von sich gibt, kein Kohlenbrenner beutelt es in dampfende Bratwürste — es hat ein schönes Grabmal gefunden in den dankbaren Magen eines verständigen Epikuräers — und um eines solchen Grabmals willen muß ihm der Tod willkommen gewesen sein.

„Unsere Vorfahren waren in Opferung dieser zarten Thiere sehr leckerhaft. Wir lesen mit einer Art Entsetzen von Ferkeln, die zu Tode gepeitscht wurden, wie von irgend einem anderen veralteten Gebrauche. Die Zeit solcher Züchtigung ist vorüber oder es würde interessant sein (nur in philosophischer Beziehung), zu erforschen, welchen Einfluß ein solches Verfahren auf die Erweichung und Versüßung eines von Natur so weichen und süßen Fleisches, wie das Fleisch junger Schweine ist, ausüben könnte. Es kommt mir vor, als wollte man es versuchen, ein Veilchen lieblicher zu machen als es ist. Aber indem wir die Unmenschlichkeit verdammen, sollten wir vorsichtig sein, wie wir die Weisheit des Gebrauches beurtheilen. Man könnte Geschmack daran gewinnen.

„Ich erinnere mich einer Streitfrage, die während meiner Anwesenheit in St. Omer von den jungen Studenten aufgestellt und von beiden Seiten mit großer Gelehrsamkeit besprochen wurde — „ob nämlich, vorausgesetzt, daß der Geschmack eines durch Peitschung (per flagellationem extremam) getödteten Ferkels dem Gaumen des Menschen einen erhöhten Genuß verschaffe, der Mensch gerechtfertigt sei, wenn er dieser Art, das Thier zu tödten, sich bediene? Es ist mir nicht mehr erinnerlich, wie die Entscheidung ausfiel" *).

Ein echter Gastronom ist gegen jegliches Leid unempfindlich wie ein Eroberer. Ude äußert sich zum Beispiel über das Häuten der Aale folgendermaßen:

„Man nehme einen oder zwei lebendige Aale und werfe sie in das Feuer, erfasse sie dann, während sie sich nach allen Seiten drehen und winden, mit einer Handquehle und häute sie vom Kopfe bis zum Schwanze. Dieses Verfahren ist ohnstreitig das beste, da es das einzige Mittel ist, alles Oel auszuziehen, das unschmackhaft und unverdaulich ist. Man schneide den Aal in Stücke ohne den Bauch aufzureißen, stoße dann das Messer in den hohlen Theil und drehe es herum, damit das Innere herauskomme."

„Mehre Kritiker (fügte er in der zweiten Auflage seines Werkes in einer Anmerkung hinzu) haben mich der Grausamkeit

---

*) Charles Lamb: Dissertation on Roast-Pig; „Essays of Elia", First Series.

beschuldigt, weil ich vorgeschlagen habe, Aale lebendig zu verbrennen. Da meine Kochkunst ausschließend der Befriedigung des Geschmackes und der Erhaltung der Gesundheit gewidmet ist, so halte ich es für meine Pflicht, auf dasjenige Rücksicht zu nehmen, was diesen beiden Zwecken entspricht. Die blaue Haut und das Oel, welches zurückbleibt, wenn die Aale gehäutet werden, sind im höchsten Grade unverdaulich. Wenn einer von diesen Kritikern beide verschiedenen Arten prüfen wollte, so würde er finden, daß verbrannte Aale weit gesünder sind; aber es mag ihm am Ende überlassen bleiben, ob er sie verbrennen oder häuten will."

Das argumentum ad gulam ist hier sehr glücklich angewandt; aber Herr Ude hätte einen noch höheren Grund anführen und behaupten können, daß der Aal nicht nur ans Häuten gewöhnt sei, sondern sich dessen auch freue. Er hätte dem Aale nur dieselbe edle Aufopferungsfähigkeit zuzuschreiben brauchen, die man der Gans beigelegt hat. „Um diese Lebern (die Straßburger foies gras) von der erforderlichen Größe zu erlangen, ist es nöthig," sagt Jemand in dem „Almanach," „das Thier selber zu opfern. Mit Futter überfüllt, des Getränkes beraubt und vor einem großen Feuer mit den Füßen auf ein Bret genagelt, verlebt diese Gans unstreitig ein höchst unbehagliches Dasein. Die Qual würde in der That völlig unerträglich sein, wenn dem Thiere nicht der Gedanke an das Loos, welches ihm bevorsteht, gewissermaßen zum Troste würde. Diese Aussicht gibt ihm Kraft, seine Leiden mit Muth zu ertragen, und wenn es bedenkt, daß seine Leber größer als sein Körper mit Trüffeln beladen und in eine kunstvolle Pastete gekleidet durch Herrn Corcellet's Vermittelung über ganz Europa den

Ruhm seines Namens zu verbreiten bestimmt ist, überläßt es sich sicherlich ohne eine einzige Thräne freudig seinem Schicksale."

Sollte man trotzdem meinen, daß Lamb's, Ude's, oder Corcellet's Theorie in Bezug auf Ferkel, Aale oder Gänse unhaltbar sei, so können wir trotzdem von ihnen sagen, was Berchour von Nero sagte: —

„Je sais qu'il fut cruel, assassin, suborneur,
Mais de son estomac je distingue son coeur."

Als Schornsteinfeger zuerst ein Gegenstand allgemeinerer Theilnahme wurden, machte ein ausgezeichneter Mann darauf aufmerksam, daß man einen Schornstein durch eine lebendige Gans fegen könnte, die man von unten nach oben emporziehen sollte. Auf den Einwand, der von Seiten des menschlichen Gefühls gegen einen solchen Vorschlag nicht ausbleiben konnte, entgegnete er, daß man mit einem Paar Enten denselben Zweck erreichen könnte, wenn man es für Unrecht hielt, diese eigenthümliche Art des Kielhohlens der Gans aufzulegen. Ganz identisch hat dieselbe Schlußfolgerung den Gastronom zu der Entdeckung geführt, daß die Leber der Toulouser=Ente selbst noch besser sei, als die Leber der Straßburger Gans. Revenons à nos cochons. Als der verstorbene Herzog von Cambridge einst in Belvoir=Castle zu Besuch war, um an der Feier des Geburtstages des beliebten und großmütigen Eigenthümers dieses Schlosses Theil zu nehmen, wurde ihm die von einem ausgezeichneten Haushofmeister zusammengestellte Speisekarte vorgelegt und man fragte ihn, ob er noch irgend etwas wünsche. „Ja," antwortete seine Hoheit, „ein gebratenes Ferkel und einen Apfelpudding." Es wurden nach allen Richtungen Boten ausgesendet und man trieb endlich trotz der Jahreszeit (es war am 4. Januar) ein Ferkel auf.

Bratferkel müssen eigentlich (außer wenn sie gegeißelt werden) von ihrer Geburt bis zu ihrem Todestage nur mit Muttermilch genährt worden sein, wenn ihr Fleisch alle ihm eigenthümliche Lieblichkeit haben soll. Die Lieblichkeit des Schweinefleisches wird unaussprechlich erhöht, wenn man dem Ferkel den vollen Genuß der frischen Luft, vereinigt mit mäßiger Wärme und sorgfältiger Reinlichkeit gestattet. Es ist daher ein sehr glücklicher Umstand, daß die Zucht dieser Thiere eine der ländlichen Beschäftigungen des schönen Geschlechts geworden zu sein scheint. Einer unserer Bekannten übergab ein Ferkel von mehr als gewöhnlicher Verheißung der ausschließenden Sorgfalt und Obhut einer Dienerin und zwar mit der besonderen Weisung, es täglich warm zu baden, und das Ergebniß war ein überaus günstiges. Diät ist natürlicher Weise von höchster Wichtigkeit. Nach Ford*) leben die Thiere, welche die berühmten Montanches-Schinken liefern, während des Sommers von den Schnecken, womit diese Gegend — Mons anguis — reichlich gesegnet ist, und werden im Herbste von den süßen Eicheln sehr schnell feist und fett. Die Montanches-Schinken sind die „petits jambons vermeils," deren St. Simon gedenkt (der uns berichtet, daß diese Schweine sich ausschließend von Vipern nährten) und man muß sie von galicischen oder anderen spanischen Schinken sorgfältig unterscheiden.

Wir wenden uns mit gewaltsamem Uebergang vom Schinken zu den Salaten. Zur Bereitung eines guten Salats,

---

*) Spanish Handbook Vol. I. pag. 68.

sagt ein spanisches Sprüchwort, gehören vier Personen: ein Verschwender zum Oel, ein Geizhals zum Essig, ein Rathsherr zum Salz und ein Wahnsinniger zum Umrühren. Man sollte die Sauce in einer besonderen Schale bewahren und erst übergießen, wenn der Salat genossen werden soll. Es muß überraschen, wenn ein so erfahrener Mann wie Walker, indem er der vorzüglichsten Bereitung des Salats gedenkt, vom „Trocknen der Blätter des Lattichs" sprechen kann. Das heißt, um uns seiner eigenen Worte zu bedienen, „das Princip verlassen und ein Nothmittel ergreifen". Lattich sollte nie naß gemacht werden; er verliert auf diese Weise seine krause Beschaffenheit und wird verdorben. Wenn man keinen trocknen Lattich erhalten kann, so thut man allerdings wohl daran, ihn zu trocknen, will man aber einen guten Salat haben, so schneide man den Lattich frisch aus dem Garten, beseitige die äußeren Blätter, breche ihn in die Salatschüssel und mische ihn ein.

Ueber die verschiedenen Vorzüge von Pasteten und Puddings zu entscheiden ist eine Aufgabe, die nicht so leicht zu lösen ist. Im Ganzen geben wir den Puddings den Vorzug, da sie dem Erfindungsgeiste des Koches größeren Raum gönnen, aber wir müssen eine etwas größere Vorsicht bei ihrer Bereitung beanspruchen. Ein Plumpudding, das englische Nationalgericht zum Beispiel, wird selten hinlänglich gekocht, und wir haben uns in England häufig in derselben peinlichen Lage befunden, in welcher sich einst Lord Byron in Italien befand. Er hatte sich vorgenommen, zu seinem Geburtstage einen Plumpudding zu speisen und war den ganzen Morgen beschäftigt gewesen, die nöthigen Weisungen zu ertheilen, um jedem Unfalle vorzubeugen; aber ungeachtet aller Mühe und ängstlichen Sorgfalt erschien der erſehnte Plumpudding in einer Terrine in der Geſtalt einer Suppe.

Eine Torte von friſchen Aprikoſen gilt gewöhnlich für die beſte, die man bereiten kann, aber ein Pudding von friſchen Aprikoſen iſt etwas noch weit Köſtlicheres. Ein Kirſch=Dumpling*) iſt beſſer als eine Kirſchtorte. Ein Beaffſteak=Pudding iſt wohlſchmeckender als eine Paſtete von gleicher Art aber es gehören Auſtern und Pilze dazu; ein Hammelrippchen=Pudding mit Auſtern, aber ohne Pilze, iſt etwas Vortreffliches.

Dem verſtorbenen Lord Dudley genügte kein Diner, wenn ihm Apfelpaſtete fehlte, wie er es nannte, denn er behauptete, die Bezeichnung Torte ſei nur auf offenes Gebäck anwendbar. Als er einſt einem großen Diner beim Fürſten Eſterhazy beiwohnte, gerieth er nicht wenig außer Faſſung, als er ſah, daß ſein Lieblingsgericht fehlte und murmelte fortwährend ziemlich vernehmlich vor ſich hin: „Gott ſei meiner Seele gnädig — nicht einmal eine Apfelpaſtete."

In Bezug auf Getränke empfiehlt Walker dieſelbe Einheit und Einfachheit:

„Ich möchte hinſichtlich des Weines," ſagt er, „dieſelben Regeln aufſtellen, die ich in Bezug auf Speiſen befürwortet habe — das heißt Einfachheit für denſelben Tag und Mannigfaltigkeit für verſchiedene Tage. Portwein allein, mit oder ohne Waſſer bei Tiſche genoſſen, iſt vortrefflich und daſſelbe gilt vom Claret. Ich denke bei gewöhnlichen Gelegenheiten iſt ein ſolches Syſtem das empfehlenswertheſte. Claret, ich meine natürlicher Weiſe echten unverfälſchten Claret, eignet ſich ganz

---

*) Ebenfalls eine Art Pudding.

besonders zum Tischwein und ist jetzt zu sehr mäßigem Preise zu erlangen. Rheinweine sind sehr gesund und angenehm, sie mögen nun einfach oder in Verbindung mit anderen Weinen getrunken werden. Ein gutes Tafelbier ist überaus angenehm und es ist sehr zu bedauern, daß man es so selten in der Vollkommenheit findet, deren es fähig ist. Gutes Porterbier bedarf keines Lobes und Eisporterbier ist bei heißem Wetter höchst erfrischend. Aepfelweinlimonade und Eispunsch im Sommer und heißer Punsch im Winter verdienen auch an die Reihe zu kommen, aber ich glaube sie kommen nicht so oft vor, als es zu wünschen ist. Wir wandeln auf dem abgetretenen Wege, ohne die Mannigfaltigkeit zu benutzen, die zu beiden Seiten sich darbietet."

Statt den Punsch auf Eis zu setzen ist es besser ihn mit Eissodawasser zu bereiten*). Der auf diese Weise bereitete Wachholderpunsch im Garrick=Club ist das vorzüglichste, was ich kenne. Er war das Lieblingsgetränk des berühmten Theodor Hook.

Die Weinsorten, die man für ein vollständiges englisches Diner als unentbehrlich betrachtet und auf deren Vorzüglichkeit man daher bedacht sein muß, sind Xeres, Champagner, Portwein und Claret. Das Alter des Weines ist nicht immer allein und an sich ein Vorzug, obgleich die stärksten und dunkelrothesten Weine sich immer am längsten zu halten pflegen und die besten Ernten am sorgfältigsten bewahrt werden. Der Graf de

---

*) Man gieße eine halbe Pinte Wachholder auf die äußere Schale einer Citrone, füge Citronensaft, Zucker, ein Glas Maraskino und ungefähr vier Pinten Wasser und zwei Flaschen Eissodawasser hinzu. Man erhält dann drei Pinten des erwähnten Punsches.

Cossé, der dem Herzog d'Escars bei Ludwig dem Achtzehnten als Haushofmeister folgte, besaß einigen Portwein, der mehr als hundert Jahre alt und ursprünglich für den königlichen Gebieter gekauft worden war; aber er hatte seine Farbe verloren und sein Geschmack war keineswegs lieblich. Dagegen stimmen die fähigsten Richter überein, daß der vorzüglichste Portwein, den man je gekannt, im Jahre 1824 in einigen Kellern in Wootton gefunden wurde, die zur Zeit des Ministers Georg Granville, der im Jahre 1770 starb, und vielleicht noch früher vermauert worden waren. Der Xereswein, der bei dem der Königin und dem Prinzen Albert gegebenen City=Bankett aufgetragen wurde, war eben so sehr durch seine Qualität wie durch sein Alter ausgezeichnet. Die Rheinweine sind keine Ausnahme von der Regel und was in England als alter Hochheimer vorkommt, ist gewöhnlich dünn und sauer. Es ist der Jahrgang oder die Ernte, nicht die bloße Lagerzeit, die den Werth gibt. So ist zum Beispiel Hochheimer von 1811 (dem Kometen=Jahr) weit besser als Hochheimer von 1801 und Claret von 1834 weit vorzüglicher als Claret von 1824.

Die ungeheure Vergrößerung von London hat schon manchen in Erstaunen gesetzt, der über die Ursachen dieser Erscheinung nicht gehörig nachgedacht hat. Zu diesen Ursachen gehört die vermehrte und täglich sich vermehrende Erleichterung des gesellschaftlichen Verkehrs. Die zu Wasser und zu Lande eröffnete Dampfverbindung hat der Hauptstadt neue ungeheure Mannigfaltigkeit von früher untransportablen Luxusartikeln zugeführt, die damit aufgehört haben, den Oertern, wo sie producirt werden, einen gewissen Localvorzug zu geben. Man hat nicht mehr nöthig, nach den Küsten von Devonshire zu reisen, um gewisse Fische zu genießen, oder nach Worcester, um die besten Lam=

preten zu kosten und Charles trägt (wie die Mitglieder des Carlton-Clubs bezeugen können) Abends sieben Uhr in Pall-Mall Severn- und Christchurch-Lachs auf, der am Morgen erst gefangen worden ist.

Aber der großartigste Charakterzug großstädtischen Fortschrittes ist die Verbesserung und Vermehrung von Clubs. Es gibt zwischen zwanzig und dreißig dieser bewundernswürdigen Etablissements, in welchen ein Mann von mäßigen Gewohnheiten für drei bis vier Shillinge (mit Einschluß einer halben Pinte Wein) besser speisen kann, als er dieß hätte für das Vier- oder Fünffache in den Kaffeehäusern und Hotels thun können, die während des ersten Viertheils dieses Jahrhunderts die gewöhnlichen Zufluchtsörter solcher Junggesellen und Hagestolze waren. In einigen dieser Clubs — zum Beispiel dem Travellers-Club, dem Coventry- und Carlton-Club — kann man für sehr mäßigen Preis die auserlesensten Dinge erlangen. Die besten Richter sind einig, daß es völlig unmöglich ist, irgendwo besser zu speisen als im Carlton-Club, sobald der Koch die nöthige Weisung erhalten hat und nicht bedrängt oder durch allzu viele Befehle und Aufträge außer Fassung gebracht wird.

Zum Schluß noch einige Worte über die hohe Bedeutung des Tafelgebens, wenn es gilt, politischen Einfluß zu gewinnen oder zu erweitern.

„Tenez bonne table et soignez les femmes" war die Summe aller Weisungen, welche Napoleon dem Abbé de Pradt ertheilte, als dieser beauftragt wurde, Polen für Napoleons Sache zu gewinnen. So haben zum Beispiel von Robert Walpole an die Whigs mit außerordentlichem und wohlverdienten Erfolge nach Napoleons Grundsatze zu handeln und zu wirken gesucht und niemand, der von der menschlichen Natur etwas

8*

weiß, wird leugnen, daß es für eine Partei von der höchsten Wichtigkeit ist, einige angesehene und ausgezeichnete Häuser zu besitzen, wo sich alles, was sie an Rang und Schönheit, an Witz, Beredtsamkeit, an Talenten und Liebenswürdigkeit besitzt, versammeln kann, wo vor allen Dingen jeder junge Strebling, der etwas verspricht, durch eine gewisse Gleichstellung ermuthigt, wo sein Gefühl durch freundliches Zuvorkommen gefesselt oder seine Eitelkeit durch Schmeichelei befriedigt wird. Indem man die Wichtigkeit des erwähnten Grundsatzes erkannt hat, ist das Tafelgeben eines der wesentlichsten Mittel zur Erlangung oder Aussöhnung politischer Anhänger geworden und wenn man dies erkennt, bedarf es keiner weiteren Bemerkung, um die Erhabenheit und Wichtigkeit des Gegenstandes hervorzuheben, der mit der bescheidenen Absicht, Tafelgenüsse zu erleichtern und Geselligkeit zu fördern, in diesem Werkchen erörtert worden ist.

Anhang.

I.

Zwei Speisezettel von der Tafel des verstorbenen Königs von Hannover.

Die neben den Tellern der Damen liegenden Exemplare waren auf rosenfarbiges Papier gedruckt.

Diner le 11. Septembre 1845.

Girot.	Un potage à la Princesse.
Girot.	Un potage en hoche-pot aux queues de boeuf.
	Huîtres au naturel.
Verclas.	Truites au bleu au beurre fondu, sauce de cavice.
Ilsen.	Longe de veau à la broche au jus, garnie de croquets de pommes de terre.
Girot.	Purée de coqs de bruyères, garnie de petites bouchées.
Girot.	Epinards, garnis de côtelettes d'agneau glacées.
Verclas.	Filets de sandats à la marinière à l'aspic.
Ilsen.	Poulets rôtis.
Verclas.	Une compote de poires.
Verclas.	Ris anglo-français à l'ananas.
Robby.	Glaces de fraises.

Diner le 27. Septembre 1845.

Girot.   Un potage de perdreaux au chasseur.
Girot.   Un potage clair à la printanière.
         Huitres au naturel.
Körtling. Sandats bouillis au beurre fondu, sauce à l'essence d'anchois.
Girot.   Une culotte de boeuf à la Flamande.
Girot.   Filets de poulets à la Marengo.
Körtling. Haricots, nains, garnis d'escalops de mouton grillés.
Ebeling. Lievreaux rôtis à la gelée de groseilles.
Körtling. Une compote de pommes à la Strélitz.
Körtling. Une fanchonette aux amandes.
Robby.   Glaces de pêches.

II.

Ein Fisch-Diner in Greenwich oder Blackwall.

La tortue à l'Anglaise.
La bisque d'ecrevisses.
Le consommé aux quenelles de merlan.
De tortue claire.
Les tranches de saumon.
Le poisson de St. Pierre à la créme.
Le zoutchet de perches.
    -    de truites.
    -    de flottons.
    -    de soles.

Le zoutchet de saumon.
          d'anguilles.
Les lamproies à la Worcester.
Les croques en bouches de laitances de maquereau.
Les boudins de merlans à la reine.
Les soles menues frittes. ⎫
Les petits carrelets.   ⎬ Garnis de persil frit.
Croquettes d'homard.   ⎪
Les filets d'anguilles.   ⎭
La truite saumonée à la Tartare.
Breitling — à la diable.

Zweiter Gang.

Les petits poulets au cresson — le jambonneau aux épinards.

La Mayonnaise de filets de soles — les filets de merlans à l'Arpin.

Les petits pois à la l'Anglais — les artichauds à la Barigoule.

La gelée de Marasquin aux fraises — les pets de Nonnes.

Les tartelettes aux cerises — les célestines à la fleur d'orange.

Le baba à la compôte d'abricots — le fromage plombière.

III.

Ein Fisch-Diner für den Papst, wenn er nach England kommen sollte.

Vier Potagen.

A la tortue claire — de filets de soles à la Bagration.
Les perches en souchet — les petites limandes en souchet.

Vier Relevés.

Le saumon à la régence.
Le turbot à la Parisienne.
L'esturgeon à la royale.
Le brochet à la Chambord.

Vier Hors-d'oeuvres.

Les Breitlinge — le curry de homards.
Les gougeons frits — les laitances de maquereaux frites.

Acht Entrées.

Les lamproies à la Beauchamp.
Le vol-au-vent de Bonne morue, à la Béchamel.
Les filets de truites au velouté d'ecrevisses.
Le pâté-chaud de filets de merlans à l'ancienne.
Les filets de maquereaux, sauce ravigotte verte.
Les filets de rougets à la Beaufort.
La matelote de carpe et d'anguille au vin de Bourgogne.
Les escalopes de filets de soles à la Hollandaise.

Zweiter Gang.
Vier Braten.

Les bandelettes de saumon fumé, grillées — les moules au gratin.

Les „Finnan haddies" (Schellfisch) grillées — les huitres au gratin.

Zwölf Entremets.

Les écrevisses en buisson.
Les „prawns" (Seegarnelen) en buisson.
Les truffes au vin de Champagne.
Les croutes de champignons.
La mayonnaise de thon mariné.
La salade de homards.
La croute de pêches à la Chantilly.
Les poires coquettes au riz.
La gelée de fraises.
Le pain d'ananas.
Le savarin au sirop d'oranges.
Le pudding de pommes vertes glacé.

IV.
Speisezettel für jede der vier Jahreszeiten.

Frühling.
Zwei Potagen.

Potage printanier — purée de volaille à la reine.

Zwei Fischgerichte.

Les truites à la Génèvoise — les filets de maquereau, sauce ravigotte verte.

Zwei assiettes volantes.

Les petits pâtés à la Monglas — les kromeskys de homards.

Zwei Relevés.

Le jambon au Madère — les petits poulets à la Macedoine.

Vier Entrées.

Les côtelettes d'agneau panées aux pointes d'asperges.
Le suprême de volaille aux concombres.
Les bouchées de lapreau à la Pompadour.
Les filets de pigeons à la de Luynes.

Zweiter Gang.
Zwei Braten.

Le chapon du cresson — les combattants à côlerettes.

Zwei Relevés.

Les bouchées au parmésan — le savarin aux cerises.

Sechs Entremets.

Les asperges à la sauce blanche.
L'aspic d'oeufs de pluviers.
Le crême Bavaroise en surprise.
Le Châteaubriand à l'ananas.
Le gelée au marasquin garnie de fraises.
Le pudding à la maréchale.

Sommer.

Zwei Potagen.

Purée de pois verts aux croutons — consommé de volaille à la royale.

Zwei Fischgerichte.

Les filets soles à la Venitienne — Lachs mit Krebs und holländischer Sauce. Breitlinge.

Zwei Assiettes volantes oder hors-d'oeuvres.

Les niochi au parmésan — les petites croustades de laitances de maquereaux.

Zwei Relevés.

Le filet de boëuf piqué, garni de laitues farcies, sauce Madère.

Les poulardes à l'ivoire, sauce suprême.

Vier Entrées.

Les boudins à la reine, à la purée de champignons.
Les côtelettes de cailles à la duchesse, aux pois verts.
Les escalopes de levrauts aux truffes, sauce demie-poivrade.
Le côtelettes de mouton à la Dreux, garnies d'une nivernaise.

Zweiter Gang.

Zwei Braten.

L'oisillòn — les ortolans.

Zwei Relevés.

Le soufflé glacé au marasquin — le gâteau de Compiègne à l'abricot.

Sechs Entremets.

La salade de „prawns" à la Bellevue.
L'aspic à la royale.
La grosse meringue à la Parisienne.
Les pêches au riz à la Condé.
La gelée de fraises au jus de groseilles.
La Charlotte à la crème d'amandes.

Table de côte, asperges, petits pois, pommes de terre nouvelles.

Herbst.

Zwei Potagen.

A la purée de choux-fleurs à la crème — à la Julienne, essence de faisan.

Zwei Fischgerichte.

Le moyen turbot à la Normande — les rougets aux fines herbes.

Zwei hors-d'oeuvres.

Les yapraki — les rissolettes d'huitres.

Zwei Relevés.

Le carré de venaison piqué à la crème à l'Allemande.
Les petits poulets poêlés au velouté d'écrevisses, garnis de bouquets de queues d'écrevisse et truffes.

Vier Entrées.

Les noisettes de veau à la Villeroi, garnies d'une soubise.
Le salmis de perdreaux à l'ancienne, aux champignons.
Les quenelles de levrauts, saucées d'une espagnole au fumet.
Les fillets de volaille à la maréchall, aux haricots verts.

Zweiter Gang.

Zwei Braten.

Les vanneaux — les grouse.

Zwei Relevés.

Le soufflé de pommes à la Parisienne — le gâteau de noces Cobourgeois.

Sechs Entremets.

Les quartiers d'artichauts à la Lyonnaise.
Les concombres farcis, garnis de croutes à la moëlle.
Le macédoine de fruits au noyau.
La charlotte de reine-chaude.
Le bavaroix à la Vanille.
Le pudding à la Londonderry.

Winter.

Zwei Potagen.

A la jardiniere, essence de volaille — à la purée de grouse aux croutons.

Zwei Fischgerichte.

Les filets de merlans à la Dieppaise — les tranches le Cabillaud à la sauce aux huitres.

Zwei hors-d'oeuvres.

Les amourettes de boeuf marinées frites — les rissoles à la Milanaise.

Zwei Relevés.

Le dinde truffée, à la sauce Périgueux.
Le jambon de Galice, garni de céleris braisés.

Vier Entrées.

Les filets de faisans piqués, à la financière.
Le pâté-chaud de mauviettes farcies, garni de champignons.
Les côtelettes de mouton, demie-provençale, purée de carottes.
Les boudins de volaille à la Richelieu, garnis de rognons de coqs.

Zweiter Gang.

Zwei Braten.

Les canards sauvages — les bécassines.

Zwei Relevés.

Les ramequins en caisses — le pudding soufflé, garni de cerises de conserve.

Sechs Entremets.

Les cardons d'Espagne, à la moëlle.
Les moules en coquilles au gratin.
La gelée d'oranges transparente.
La crème au café vierge.
Les croutes de Compiègne aux pommes.
Le gâteau de châtaignes, garni d'abricots.

---

www.ingramcontent.com/pod-product-compliance
Lightning Source LLC
Chambersburg PA
CBHW050910300426
44111CB00010B/1460